Ak 4

KARDINAL SUENENS • GEMEINSCHAFT IM GEIST

KARDINAL LÉON-JOSEPH SUENENS

Gemeinschaft im Geist

Charismatische Erneuerung und Ökumenische Bewegung

Theologische und pastorale Richtlinien

Mit einer Einführung von Heribert Mühlen

OTTO MÜLLER VERLAG SALZBURG

Aus dem Französischen übersetzt von
Madeleine Windisch-Graetz
bearbeitet von
Heribert Mühlen

ISBN 3-7013-0570-6

Originaltitel: Oecumenisme et Renouveau Charismatique
Gesamtherstellung: Salzburger Druckerei, Salzburg

EINFÜHRUNG
FÜR DEN DEUTSCHEN SPRACHRAUM

Heribert Mühlen

1. Ökumenisches Charisma

Dieses Buch ist das einzigartige Zeugnis eines Bischofs und Kardinals, in dem Institution und Charisma in einer für die charismatische Erneuerung der katholischen Kirche vorbildhaften Weise in Symbiose vereinigt sind. Der Kardinal hätte dieses Buch nicht schreiben können, wenn er nicht selbst unter Gebet und Handauflegung den Herrn der Kirche um die Fülle des Heiligen Geistes gebeten hätte, um die „Geisttaufe" *als* Erneuerung seiner Bischofsweihe; wenn ihm die Geistesgaben, über die er schreibt (wie z. B. Prophetengabe, Sprachengabe, Gabe der Heilung), nicht aus persönlicher Erfahrung vertraut wären; wenn er nicht auch im Beisein derer, für die er die Gabe der Unterscheidung ausübt und unter ihrem fürbittenden Gebet, den Herrn um eben dieses Charisma gebeten hätte. So kann er seiner Mahnung treu bleiben, die institutionelle Kirche möge den geistlichen Aufbruch *von innen her,* in Symbiose und Sympathie, nicht nur von außen her, beurteilen (S. 75). So kann er überzeugend von einer *gelebten* Interaktion zwischen Charisma und Institution sprechen, zwischen dem Charismatischen und dem Strukturellen, einer Interaktion, die in das „Zentrum der ökumenischen Auseinandersetzungen" vorstößt (S. 55). Die charismatischen, spirituellen Aufbrüche in der Geschichte der Kirche zeigen in ihren oft leidvollen und zur Spaltung führenden Auseinandersetzungen, wie wichtig es ist, daß Institution und Charisma nicht als Gegensätze gesehen oder gelebt werden. Die „charismatische" Grundlage des Institutionellen ermöglicht dessen „spirituelle" Bedeutung und stellt alles in Frage, was am Institutionellen der Freiheit der Herrlichkeit der Kinder Gottes hinderlich sein kann. Dies ist die eigentliche ökumenische Implikation der Geisterneuerung (S. 56). Die charismatischen Gaben sind für die kirchliche Gemeinschaft ein Ferment der Lebenskraft, der Freiheit, des Lobpreises, des Zeugnisses, des Verzichts und können eben so den Gefahren entgegentreten, die die Strukturelemente der Kirche bedrohen: Erstarrung, Formalismus, Mittelmäßigkeit, Bürokratie, Routine, Flucht vor der Verantwortung für Neuerungen in der Kirche und den entsprechenden Entscheidungen (S. 55).

Das Buch wendet sich ausdrücklich an Katholiken, um ihnen Weisung und Orientierung zu geben und ist so ein entscheidender Beitrag zur *Integration* der alle Kirchen durchziehenden charismatischen Erneuerung in die Tradition der katholischen Kirche. Eben deshalb aber ist dieses Buch wahrhaft ökumenisch, entsprechend einem Kernsatz des Kardinals: „Die Wiederherstellung der Einheit der Kirche muß selbst kirchlich sein, oder sie wird nicht sein." (S. 115). Man muß die Ausführungen über das Geheimnis der Kirche mehrmals lesen und meditieren, um den geistlichen Reichtum dieses Buches erfassen zu können.

Das Buch will nur *allgemein* Orientierungen geben und geht nicht auf die Situation in den verschiedenen Weltgegenden und Ländern ein. Deshalb sei im folgenden ein kurzer Überblick über die bisherige Entwicklung im deutschen Sprachraum gegeben.

2. Charismatische Gemeindeerneuerung und Ökumenismus im deutschen Sprachraum

Erste Nachrichten und Erfahrungsberichte über die charismatische Erneuerung in den USA kamen im Jahre 1962 durch den lutherischen Pfarrer Arnold Bittlinger nach Deutschland, der die Vereinigten Staaten zum Studium *volksmissionarischer Probleme* bereiste[1].

Von Anfang an also galt das Interesse an dieser Erneuerung den Möglichkeiten zu einer Erneuerung der *Volksmission* (in den evangelischen Landeskirchen). Dieser Ansatz hat sich bis heute durchgehalten, auch und gerade nachdem seit etwa 1972 die Katholiken in Deutschland mit dieser Erneuerung in Berührung kamen. Sie nannte sich deshalb von Anfang an *Gemeinde*-Erneuerung[2]: Es geht nicht nur um den Zusammenschluß von einzelnen erweckten Christen im Stile einer noch zu erwähnenden kirchlich nicht gebundenen Evangelisation, sondern um die Integration der charismatischen Erneuerung in das volle Leben der „Gemeinde" in der dreifachen Bedeutung des entsprechenden neutestamentlichen Ausdrucks ekklesia: Gesamtkirche, Ortsgemeinde, Gottesdienstgemeinde (Hauskirche)[3].

Die Verschränkung und wechselseitige Abhängigkeit dieser drei Ausdrucksformen von „Kirche" sind ein zentrales ökumenisches Problem, auch in der charismatischen Gemeindeerneuerung: Für katholische und evangelische Christen ist die Eucharistie zugleich immer auch *Kirchengemeinschaft.* Für katholische Christen ist die Eucharistie deshalb ganz konkret und „leibhaftig" immer auch ein Bekenntnis zur communio, zur Gemeinschaft mit allen Bischöfen und dem Papst (vgl. S. 105 f.).

Stärker als diese alle Zeit schmerzlich empfundene Differenz war jedoch in der Erneuerung von Anfang an die überraschende Erfahrung der Gemeinsamkeit in der Erfahrung dessen, was „Geisterneuerung" genannt wird: *Katholiken,* auch Pfarrer, ließen sich von evangelischen Christen hinführen zur Bitte um die Erfüllung mit dem Heiligen Geist und die Annahme der Geistgaben, und diese wiederum waren dann in ähnlicher Weise für *evangelische* Christen, auch Pfarrer, „Verwalter der vielfältigen Gnade Gottes" (1 Petr 4, 10). Auf der Grundlage dieser tief beglückenden, gemeinsamen geistlichen Erfahrung entstand dann die „*Einübung in die christliche Grunderfahrung*", die von evangelischen Pfarrern für evangelische Christen ergänzt wurde und sowohl in katholischen als auch in evangelischen Gemeinden und Gruppen (neben anderen, bisher nicht veröffentlichten Entwürfen) Grundlage für das „Einführungs-Seminar" ist[4].

Während in dem in Nordamerika entstandenen Einführungsseminar auf Grund der in den Vereinigten Staaten außerordentlich differenzierten ökumenischen Situation nur eine „Basis-Botschaft" vermittelt werden soll, die von jedem Christen angenommen werden kann, gleichgültig, zu welcher Kirche er gehört[5], ist in der „Einübung" ein Entwurf vorgelegt, auf Grund dessen der Vorgang der „Geisterneuerung" *voll* sowohl in das Leben der katholischen als auch der evangelischen Kirche *integriert* werden kann. Die charismatische Erneuerung ist, wie Kardinal Suenens schreibt, von Anfang an und ihrer Natur nach ökumenisch (S. 42). Im deutschen Sprachraum ergaben sich daraus bisher *keine grundlegenden Schwierigkeiten.* Im Gegenteil: Charismatische Erneuerung und Ökumenismus könnten zu einer Einheit verschmelzen, ohne den geringsten Anschein einer Verkürzung des jeweiligen „Eigengutes" der jetzt noch getrennten Kirchen.

Grundlage zu dieser ökumenischen Zusammenarbeit waren die ökumenischen Leitlinien: „Charismatische Erneuerung und die Einheit der Kirche", die auf der 3. *Europäischen* Charismatischen Leiter-Konferenz vom 23. bis 28. Juni 1975 in Schloß Craheim, Unterfranken, verabschiedet und von der Konferenz der Verantwortlichen für die Charismatische Erneuerung im *deutschen* Sprachraum am 3. November 1975 in Schloß Craheim nochmals bestätigt wurden. Sie haben sich in der bisherigen ökumenischen Zusammenarbeit bewährt und seien deshalb im Wortlaut abgedruckt (vgl. „Einübung in die christliche Grunderfahrung", Teil I, S. 197):

„1. *Selbstfindung.* ‚Es gibt verschiedene Gnadengaben – aber es ist derselbe Geist' (1 Kor 12, 4). Diese Aussage gilt gleichnishaft auch von den Kirchen, die jetzt durch menschliche Schuld getrennt sind. Jede Kirche hat eine bestimmte spirituelle Tradition, und in keiner sind alle Gnadengaben voll verwirklicht. Deshalb muß jede Kirche sich fragen, welche besondere unaufgebbare Berufung sie von ihrem geschichtlichen Ursprung her hat.

2. *Öffnung.* Jede Kirche muß sich selbstkritisch fragen, ob sie die ihr eigenen Gnadengaben versolutiert hat und inwiefern sie so mitschuldig ist an der Spaltung der einen Kirche Christi. Auf diese Weise wird sie fähig, auch die Gnadengaben der anderen Kirchen dankbar anzuerkennen und sich von ihnen bereichern zu lassen. Die charismatische Offenheit für alle Gaben des Heiligen Geistes kann auf diese Weise fruchtbar werden für die Zukunft der Kirche.

3. *Übernahme.* Jede Kirche muß sich fragen, was sie von ihrer unaufgebbaren Berufung her von den anderen Kirchen – unter Umständen kritisch – übernehmen kann. Diese Bereitschaft zur Übernahme müßte bis an die Grenze des Möglichen geschehen, denn alle Gnadengaben werden geschenkt ‚zum allgemeinen Nutzen' (1 Kor 12, 7).

Wir bitten den Herrn der Kirche, daß der Dialog zwischen den Kirchen zur Konvergenz und zum Konsens führt. Wir wissen, daß dies nicht durch menschliche Anstrengung oder guten Willen erreicht werden kann, sondern nur durch ein Eingreifen des wiederkommenden Christus (Mk 10, 27; Phil 3, 9)."

Auf der Grundlage dieser Leitlinien entstand dann weiterhin die deutschsprachige, ökumenische *Zeitschrift* für charismatische Gemeinde-Erneuerung: „Erneuerung in Kirche und Gesellschaft" (Verlag Erneuerung, Domplatz 3, D-4790 Paderborn).

Die bisher erschienenen fünf Hefte enthalten Stellungnahmen katholischer und evangelischer Bischöfe und Bischofskonferenzen, Erfahrungsberichte aus den Gemeinden, persönliche Zeugnisse, begleitende theologische Überlegungen, Tagungsberichte sowie Listen über Einführungs- und Vertiefungskurse. Das *ökumenische Herausgeberteam* hat die in Heft 1 abgedruckten „Leitlinien der Gemeindeerneuerung" verabschiedet und wurde auf der 3. Ökumenischen Konferenz für Verantwortliche der charismatischen Gemeinde-Erneuerung im deutschen Sprachraum vom 23. bis 26. Oktober 1977 gebeten, die Funktion eines deutschsprachigen ökumenischen *Koordinierungsausschusses* zu übernehmen (vgl. Erneuerung in Kirche und Gesellschaft, Heft 3, 1978, S. 34).

In den ,,Leitlinien" wird ausdrücklich gesagt, daß charismatische Erneuerung im deutschen Sprachraum sich im Schnittpunkt *vieler* Linien theologischer und spiritueller Impulse sieht und daß sie – soweit immer *auch* menschliche Bemühungen mitspielen – in die ganze Breite der Volkskirche hineinwirken möchte (Heft 1, 1977, S. 2). Dies hängt mit dem *volkskirchlichen* Charakter der Kirchen im deutschen Sprachraum zusammen (auf den unten noch näher eingegangen werden soll). Wer in dieser ,,Zielsetzung" zuviel menschliche Bemühung sieht, und zwar unter Berufung darauf, daß der Heilige Geist immer unmittelbar wirke und man den nächsten Schritt nicht genau erkenne, übersieht, daß der Heilige Geist ja auch in der (europäischen) *Geschichte* gewirkt hat und daß das volkskirchliche ,,System" ja auch nicht ohne den Beistand des Heiligen Geistes geworden ist. Ein aufmerksames Hören auf die Stimme des Heiligen Geistes in der *Geschichte* verlangt deshalb auch, sich eben *diesen* geistgewirkten Strukturen (alles geistliche Leben hat ,,Struktur"!) einzupassen, ohne die erneuernde Dynamik der ,,Erneuerung" deshalb verleugnen zu müssen. Im Gegenteil: Sie entfaltet gerade so ihre aufbrechende, erneuernde Kraft. ,,Freie Zusammenschlüsse" zu ,,Gottesdienstgemeinden", die nicht von vornherein in das Leben einer Pfarr- oder Personalgemeinde integriert sind, werden dadurch keineswegs ausgeschlossen, aber wenn sich solche Gemeinden zu einer ,,Kirche in der Kirche" verselbständigen, dann ist dies von erheblicher ökumenischer Bedeutung, wie noch gezeigt werden soll. Davon zu unterscheiden sind Zusammenschlüsse zu nach einer bestimmten Lebensregel geordneten ,,Lebensgemeinschaften", die auf Weltebene häufig entscheidende Impulse für die charismatische Erneuerung der jeweiligen Kirche geworden sind, allerdings mit wieder neuen Problemen der Leitung, der Prüfung der Geistgaben usw.

In diesem Zusammenhang muß hingewiesen werden auf einen Brief von Papst Paul VI. an Kardinal Suenens vom 27. Mai 1978 aus Anlaß der 2. Internationalen Konferenz der katholischen charismatischen Erneuerung in Dublin, in welchem es heißt: ,,Wir konnten nicht so schnell, wie Wir es gerne getan hätten, Ihnen Unsere Freude über die aufmerksame

Sorge zum Ausdruck bringen, mit der Sie diese Bewegung wachsam begleitet haben, um ihre *volle Integration* in das Leben der katholischen Kirche sicherzustellen."[6] Eine ähnliche Sorge um die volle Integration in das Leben *ihrer* Kirche haben die deutschen lutherischen Bischöfe auf ihrer Klausurtagung über Kommunitäten und charismatische Bewegungen im Mai 1976 geäußert. Bischof Hans-Otto Wölber sagte in seinem Referat: ,,Es hat den Anschein, daß es in der katholischen Kirche eine größere Rezeptionsbereitschaft gegenüber den charismatischen Bewegungen gibt als im protestantischen Raum, obwohl die freien Pfingstkirchen aus den baptistischen und methodistischen Traditionen stammen. Auf protestantischer Seite beobachtet man eher eine unsichere Suche des Verstehens, hervorgerufen durch die Erfahrungen und Begegnungen in der Ökumene." (Modelle gelebten Glaubens, lutherisches Verlagshaus Hamburg 1976, S. 57.) ,,Klassische lutherische Spiritualität jedenfalls gibt sich ausgesprochen *antischwärmerisch* . . . Der lutherischen Reformation sitzt die Bilderstürmerei der Geistpropheten mit ihrer auch theokratischen Schwärmerei in den Knochen." (S. 61). Bischof Wölber weist dann auch auf die *kulturellen* Unterschiede in den Ausdrucksformen hin: ,,Die deutsch-abendländische Seelenverfassung ist eben anders als etwa die südamerikanische." (S. 70). Er sieht offenbar bestimmte Phänomene für die charismatische Erneuerung als charakteristisch an: ,,Geisttaufe" mit Sprachengebet, spontan emotionale Äußerungen, z. B. Halleluja-Rufe, plötzliche Antwortreaktionen im Gottesdienst, psychosomatische Erscheinungen wie Zittern oder Erstarrung usw. (S. 56).

Solche ,,pfingstlerischen" Ausdrucksformen im Gottesdienst haben sich jedoch im deutschen Sprachraum in der gegenwärtigen charismatischen Erneuerung nicht durchgesetzt, stoßen allgemein auf erhebliches Befremden, wo sie praktiziert werden. Wir werden auf die kirchensoziologisch bedingte Herkunft solcher Gebetsstile und Ausdrucksformen noch zurückkommen. In ihnen zeigt sich die *eigentliche* ökumenisch-charismatische Problematik im deutschen Sprachraum, und zwar nunmehr im gemeinsamen Verhältnis der katholischen *und* evangelischen Kirche zu aus Nordamerika kommende pfingstlerischen, ,,freikirchlichen" Einflüssen (die Pfingstgemeinden im deutschen Sprachraum, die zusammen etwa 30.000 Personen umfassen, haben auf die Entwicklung der charismatischen Gemeinde-Erneuerung im deutschen Sprachraum keinen Einfluß gehabt). So ergibt sich eine eigentümliche ökumenische Verschränkung: Während die Pfingstkirchen in den USA

Motor für die ,,charismatische Erneuerung" waren, wie auch Kardinal Suenens in dem vorliegenden Buch darstellt (S. 43 f.), stoßen typisch pfingstlerische, zum Teil aus der *Negerkultur* stammende Stilelemente im deutschen Sprachraum bis zur Stunde auf erhebliche Vorbehalte, so daß in dieser Hinsicht die evangelischen Kirchen im deutschen Sprachraum der katholischen Kirche näherstehen als den ebenfalls aus der Reformation des 16. Jahrhunderts (näherhin aus der methodistischen Kirche) hervorgegangenen freien Pfingstkirchen.

Die in ihnen aufgebrochene, in den Großkirchen aber weitgehend verschüttete Glaubensemotion ist kaum von einer entsprechenden, reflektierenden Rationalität begleitet (es gibt keine geprägte pfingstlerische, rationale ,,Theologie"). Dies hängt auch damit zusammen, daß in ihrer über 70jährigen Geschichte die Pfingstkirchen vorwiegend in den weniger gebildeten Schichten gewachsen sind. So kommt es zu einer der Prüfung sich häufig entziehenden ,,unvermittelten Unmittelbarkeit": Prophetische Worte sind ,,unmittelbare" Eingebungen des Heiligen Geistes, ohne daß die menschlichen Wunschvorstellungen, die Lebensgeschichte des ,,Propheten" usw. in ihrer vermittelnden Funktion gesehen würden. Heilungsvorgänge gehen ,,unmittelbar" auf einen Eingriff des Heiligen Geistes zurück, unter Umgehung der geschöpflichen Zweitursachen usw. Wenn Gebet ,,unmittelbar" vom Heiligen Geist gewirkt wird, vor allem das ,,Sprachengebet", dann muß es natürlich auch ein jeden unmittelbar überzeugendes ,,Zeichen" von Gott her sein (vgl. 1 Kor 14, 22), und so kommt es häufig zu einem *demonstrativen Gebetsstil,* der in Mitteleuropa weitgehend unbekannt ist. Im deutschen Sprachraum möchte auch der nicht rational durchgebildete Christ zunächst *wissen,* ob und inwiefern bestimmte Phänomene nicht doch vielleicht psychologisch, gruppendynamisch usw. zu erklären sind, bevor er bereit ist, in ihnen das Wirken des Heiligen Geistes anzuerkennen und sich mit seiner ganzen ,,Innerlichkeit" auf sie einzulassen.

Aber nicht nur ein pfingstlerischer Gebetsstil stößt im deutschen Sprachraum kaum auf Resonanz, sondern auch bestimmte Formen von Evangelisation, wie sie auf nordamerikanisch-*freikirchlichem* Boden gewachsen sind und von den Pfingstkirchen ebenfalls übernommen wurden.

3. Das Verhältnis von Volkskirche und Freiwilligkeitskirche

Die weltweite charismatische Erneuerung hat ihren Ursprung im kirchensoziologischen Umfeld Nordamerikas, das auf Grund der in der amerikanischen Verfassung von Anfang an fundierten Trennung von Kirche und Staat geprägt ist von der Struktur der „Freiwilligkeitskirche", während in Europa das System der Volks- und Staatskirche immer noch beherrschend ist. Die bisherige *ökumenische* Erfahrung zeigt, daß die charismatische Erneuerung sich vor allem dort stärker und auch gesund entwickelt, wo die Pfarrer und Bischöfe Tauf- bzw. Weiheerneuerung von Gott her persönlich an sich geschehen lassen und so zu „guten Hirten" werden, die durch ihr Beispiel anderen vorangehen (was häufig einschließt, daß sie durch sogenannte „Laien" zu dieser Lebensübergabe hingeführt werden). Hinzu kommt: Auf Weltebene sind die Kirchen im deutschen Sprachraum die am stärksten durchorganisierten, am besten verwalteten, ganz abgesehen von den erheblichen finanziellen Mitteln, die sich aus den zum Teil mit staatlicher Hilfe eingezogenen Kirchensteuern ergeben. Die Erneuerung wird im deutschen Sprachraum sehr wahrscheinlich nur dann die Breite der Volkskirche erfassen, wenn sie einen „Marsch durch die Institutionen" nicht scheut, um sie von innen her zu beleben. Wenn wir im folgenden versuchen, die beiden kirchensoziologisch unterschiedlichen Strukturen von Kirche zu beschreiben, dann kann es sich hier zunächst nur um „abstrakte" Merkmale handeln, die nie ganz „rein" vorkommen, sondern im konkreten Lebensvollzug immer mehr oder weniger „vermischt" sind.

1. Zugehörigkeit zur Kirche. Sie ist in der *Volkskirche* durch *Herkunft* und *Sitte* weitgehend normale Situation und durch die geltende öffentliche Meinung bereits im voraus zu einer persönlichen Entscheidung mehr oder weniger festgelegt. In der „*Freiwilligkeitskirche*" ist sie nicht selbstverständlich, sondern setzt eine mehr oder weniger „freie" Entscheidung zur Kirche voraus.

Einige Zahlen mögen das Gemeinte verdeutlichen: Die Volkszählung 1961 in Deutschland ergab, daß damals noch 97 Prozent aller erwachsenen Bundesbürger (als Kinder) getauft waren. Es gilt also als selbstverständlich, daß jemand zu einem christlichen „Bekenntnis" gehört. Wer ohne ein solches sein will, muß in einem gerichtlichen Akt seinen Austritt aus der Kirche erklären. Für Nordamerika ergeben sich dagegen folgende Zahlen: Im Jahre 1962, also etwa zu Beginn der zweiten

„neu-pfingstlichen“ Welle, gehörten von den 185 Mill. Einwohnern Nordamerikas nur 114 Mill. zu einer der 255 Kirchen oder kirchlichen Gemeinschaften mit festen Mitgliederzahlen. Also etwa 70 Mill. Nordamerikaner waren kirchlich nicht gebunden (was nicht bedeutet, daß sie nicht in einer „gewissen Beziehung“ zur Religion im weitesten Sinne stehen und an „Gott“ glauben). Jedenfalls ist die Zwischenform eines bloßen Taufscheinchristentums ohne irgendeine persönliche Beteiligung am Leben der jeweiligen Kirche in Nordamerika weitgehend unbekannt.

2. *Die Kindertaufe.* In einer *Volkskirche* wird der einzelne Glied seiner Kirche durch die Praxis der Kindertaufe. (Die Kirche bezeugt auf diese Weise, daß Gott immer den ersten Schritt tut, bevor der Mensch überhaupt von sich aus das Gnadenangebot Gottes annehmen kann. Über die theologischen und pastoralen Probleme, die damit verbunden sind, können wir hier nicht eingehen.)

In einer „*Freiwilligkeitskirche*“ wird die Kindertaufe abgelehnt (wie etwa bei den Baptisten): Der heranwachsende Christ soll sich persönlich für Christus entscheiden. Dabei ist nicht zu übersehen, daß auch hier durch die Familie und die Gemeinde Erwartungshaltungen und unter Umständen auch gesellschaftliche Zwänge an den jungen Menschen herangetragen werden.

3. *Christliche Erziehung.* In einer *Volkskirche* ist sie selbstverständlich, häufig von den staatlichen Institutionen mitgetragen (wer nicht am Religionsunterricht teilnehmen will, muß sich ausdrücklich abmelden).

In Nordamerika dagegen ist auf Grund der in der amerikanischen Verfassung verankerten Trennung von Kirche und Staat Religionsunterricht an staatlichen Schulen ausgeschlossen. Er wird von den einzelnen Kirchen in Nachmittags- und Sonntagsschulen durch freiwillige und oft unbezahlte Hilfskräfte erteilt. Die Teilnahme ist „freiwillig“. Wenn die Familie die christliche Erziehung nicht mitträgt, bleiben die Kinder „kirchlich nicht gebunden“.

4. *Verhältnis von Kirche und Staat.* Die *Volkskirchen* in der Bundesrepublik Deutschland, in Österreich und der Schweiz sind öffentlichrechtliche Körperschaften oder können doch als solche anerkannt werden. Die Gesellschaft, der Staat, gewährt der Kirche Geltung und Förderung und diese wiederum wird als „öffentliches Gewissen“ ernst genommen. Die staatlichen Organe wirken mehr oder weniger intensiv mit bei der Einziehung von Kirchensteuern.

Für eine „*Freiwilligkeitskirche*“ ist die Trennung von Kirche und

Staat (mit jeweils unterschiedlichen Ausprägungen) eine wesentliche Voraussetzung. Der Nachdruck liegt auf der Eigeninitiative der Kirchen selbst und ihrer Mitglieder. Glaubensausbreitung und Erhaltung der Kirche geschieht durch Evangelisation und ,,Erweckung", nicht in erster Linie durch vom Staat mitgetragenen Unterricht und durch ,,Erwachsenenbildung".

Das Verhältnis von ,,Volkskirche" und ,,Freiwilligkeitskirche" ist für die Frage nach der Ausgangsposition der ,,charismatischen Erneuerung" im deutschen Sprachraum besonders wichtig, während die mehr staatsrechtlichen Verhältnisse (die Struktur der ,,Freikirchen" als vom Staat unabhängige Gruppierungen im Unterschied zur ,,Staatskirche") weniger bedeutsam sind. Es geht jetzt hier nicht darum, die Struktur der Volkskirche grundsätzlich zu diskutieren. Die Gefahren sind zweifellos ein Gewohnheitschristentum, ein ,,Christentum ohne Entscheidung", innere Unwahrhaftigkeit, Prestigedenken, Überhang der Verwaltung, Machtstreben usw. Andererseits ist nicht zu verkennen, daß die Volkskirche außerordentliche Möglichkeiten missionarisch-diakonischer Betätigung hat: in Schulen und Universitäten, caritativen Einrichtungen, in der staatlichen Öffentlichkeit. In jedem Falle ergibt sich aus der bisherigen, etwa 15jährigen ökumenischen Erfahrung im deutschen Sprachraum: *Im Rahmen eines festen volkskirchlichen Gefüges wird charismatische Erneuerung entweder auch ,,volkskirchlich" sein, oder sie wird sich auf kleine elitäre Gruppen beschränken.* Natürlich hat Gott tausend Wege, um seine Kirche zu erneuern, kann der Heilige Geist überraschend in festgefügte Strukturen einbrechen, sie von innen her aufbrechen, aber er wird sein eigenes Werk nicht zerstören: Nicht nur jeder einzelne hat von Geburt an bestimmte Begabungen, die der Heilige Geist intensiviert, läutert und zum Aufbau der Kirche einsetzt, sondern auch jedes Volk hat von seinem geschichtlichen Ursprung her bestimmte ,,Gaben", die der Heilige Geist ebenfalls läutern und zur Erneuerung der Kirche einsetzen kann. Dabei werden niemandem leidvolle Erfahrungen erspart bleiben, denn Erneuerung ging aus vom Kreuz Jesu Christi und wird bis zur Stunde aus durchkreuzten menschlichen Plänen (auch pastoralen) geboren.

Aus dem Gesagten ergibt sich nun ein wichtiger Grund dafür, warum die nordamerikanische charismatische Erneuerung zugleich den Charakter einer ,,freikirchlichen" *Erweckungsbewegung* hat, wie sie in diesem Ausmaß in der katholischen Kirche bisher unbekannt war (auch die traditionelle ,,Volksmission" ist eine ,,Erweckung", aber eben im

Rahmen des volkskirchlichen Gefüges): Schon um das Jahr 1730 gab es in Nordamerika unter den Auswanderern die erste „große Erwekkung", als Antwort auf die festgefahrenen Institutionen und den Rationalismus in Westeuropa. Sie gibt den amerikanischen Kirchen das bis heute sich durchhaltende, praktische, individualistische Evangelisationsgepräge. Immer wieder gingen Wellen von „Erweckungsbewegungen" über den nordamerikanischen Kontinent (um 1800, 1826–1832, 1857–1858 usw.). Allerdings bezeichneten sich noch um 1870 nur 18 Prozent der nordamerikanischen Bevölkerung als „religiös gebunden". Auf Grund eines erstaunlichen „charismatischen" Aufbruchs zu Beginn unseres Jahrhunderts gehörten um 1900 36% der Bevölkerung einer Kirche an, 1920 43%, 1940 49%, 1950 57%! Diese Erweckungsbewegungen wurden häufig getragen von einzelnen „charismatisch" begabten Predigern (in Deutschland ist in unseren Tagen vor allem der Baptistenprediger Bill Graham bekannt geworden). Der Erweckungsprediger versucht, einzelne zu einer persönlichen Begegnung mit Christus, zu einer Entscheidung für ihn zu führen und ruft ihn so aus der Masse derer heraus, die diesen persönlichen Schritt nicht vollziehen. Auf katholischer Seite hat im deutschen Sprachraum der Jesuitenpater Leppich in den fünfziger und sechziger Jahren eine ähnliche „Erweckungsbewegung" ausgelöst, aus der die „action 365" entstanden ist. Solche Erweckungspredigt im Stile einer Massenevangelisation bleibt in Europa und vor allem im deutchen Sprachraum, auch innerhalb der evangelischen Kirchen, jedoch eine Ausnahme.

Bedeutsam für unseren Zusammenhang ist nun: Die freien Pfingstkirchen, die etwa 600 verschiedene und sich zum Teil gegenseitig ausschließende Gruppen und „Kirchen" umfassen, sind aus der *Erwekkungspredigt einzelner „Charismatiker"* entstanden, die eine Schar von „Anhängern" um sich versammeln und so auch ganz bewußt eine neue „Kirche" gründen. Die „Geisttaufe" des einzelnen steht hier so im Vordergrund, daß Kirche als Ganzes stark in den Hintergrund tritt, ebenso auch die Sakramente und das Amt. Die *katholische* charismatische Erneuerung ist in ihrer Anfangsphase wesentlich von diesem Aufbruch der Pfingstkirchen mitgetragen worden. Die katholischen Laienführer haben jedoch von Anfang an eine sehr enge Bindung an die katholische Kirche bewahrt, so daß auch nicht im entferntesten die Gefahr einer neuen „charismatischen" Kirche besteht[7]. Übernommen aber hat die charismatische Erneuerung bestimmte Evangelisationsmethoden, ergänzt durch die stark ausgeprägte Methodik des „Cursillo" (die Verfasser des nordamerikanischen Leben-im-Geist-Seminars waren lange Zeit Mitarbeiter beim Cursillo). Übernommen wurde auch der nicht nur in einer pfingstlerischen oder völkisch bedingten Mentalität, sondern auch in der Struktur der Erweckungspredigt begründete Gebetsstil mit entsprechenden Ausdrucksformen: Ständige halblaute Rufe während der Gebetsversammlung, gemeinsames, halblautes Gebet aller Anwesenden, enthusiastische Gebetsgebärden usw.: Gebet ist nicht ein rein „privater" Vorgang zwischen mir und Gott, sondern ein „Offenbar-werden" des Heiligen Geistes (vgl. 1 Kor 12, 7). Die Gebetsversammlung wird zur „missionarischen Liturgie". Die Triebkraft zu dieser Form der Evangelisation ist keineswegs die Tendenz, sich zur Schau zu stellen, sondern die Liebe Christi, die den einzelnen dazu treibt, Geistesgaben nicht für sich zu behalten, sondern sie zur geistlichen Auferbauung anderer auch in der Öffentlichkeit der Gebetsversammlung an sich geschehen zu lassen. Ein von außen kommender Beobachter wird hier vielleicht vorschnell von „Überemotionalität" sprechen, von „schwärmerischen Ausdrucksformen", oder gar weltfremdem Rückzug aus der Gesellschaft. Im Grunde aber steht dahinter die uralte Erfahrung, daß nur der entäußerte Glaube Glaube wecken kann, nur die entäußerte Liebe zu Gott Liebe entzündet und nur die gelebte Hoffnung Hoffnung erzeugt.

Freikirchlich-charismatisch-enthusiastische Ausdrucksformen haben sich jedoch in den stark institutionalisierten Volkskirchen im deutschen Sprachraum kaum durchsetzen können. Im evangelischen Raum gab es mehrere, aus den Wurzeln des Pietismus gespeiste Erweckungen, aus der die äußere und „innere" Mission hervorgingen mit vielen Anstößen in das volkskirchliche Gemeindeleben. Eine gewisse subjektivistische Verkürzung sowie eine zum Teil schwärmerische Abgeschlossenheit in „erwecklichen" Kreisen ließen jedoch immer wieder die Sorge vor neuen Aufspaltungen aufkommen.

Dennoch bedarf es auch und gerade im deutschen Sprachraum in naher Zukunft einer durchgreifenden Glaubenserweckung. In den letzten 20 Jahren haben pro Jahr 1 Prozent der noch praktizierenden Katholiken den Gottesdienst verlassen, sind innerlich aus der Kirche ausgewandert, wie Statistiken der Deutschen Bischofskonferenz ergeben. Dieser lautlose Abfall geht unaufhaltsam weiter! Viele junge katholische Eltern lassen ihre Kinder nicht mehr taufen. Die Krise des Religionsunterrichts an den staatlichen Schulen ist ebenso offenkundig. Es wird eine Generation von jungen Heiden heranwachsen, die zwar noch in einem volkskirchlichen Milieu leben, aber nicht mehr durch Kindertaufe und Erziehung christlich sind. Es sollte nicht bestritten werden, daß auch in einer scheinbaren „Vorhofsreligion" echter Glaube erweckt und weitergegeben werden kann (die Forderung nach einer reinen Glaubenskirche ist auch aus diesem Grunde überzogen), aber ohne neue geistliche Impulse werden sich die kirchlichen Institutionen nur noch eine gewisse Zeit halten.

Wenn die „charismatische" Erneuerung fähig werden soll, einen solchen Impuls in die Volkskirchen hineinzugeben, ist daran festzuhalten: Es geht nicht um neue Gottesdienste, sondern um die Erneuerung des Gottesdienstes; nicht um die Abschaffung der Kindertaufe, sondern um Tauferneuerung; nicht um die totale Freistellung einer christlichen Erziehung, sondern um Hinführung zur persönlichen Entscheidung für Christus; nicht um die Einebnung des kirchlichen Amtes, sondern um seine Personalisierung und Pneumatisierung kraft der Geistesgaben.

Unter diesem Aspekt ist besonders hinzuweisen auf die Mahnung von Kardinal Suenens, auf eine mögliche Doppelbödigkeit der Sprache, auf das Vokabular, zu achten. So könne z. B. der Ausdruck „Geisttaufe" verschiedene Theologien beinhalten und zu einer schwerwiegenden Abirrung von der katholischen Lehre führen (S. 68). Wie der Dialog mit den Pfingstlern auf der Ebene des Römischen Einheitssekretariates ergeben hat, entspricht der bei den Pfingstlern übliche Bedeutungsgehalt dieses Wortes nicht ganz dem biblischen Befund[8]. Das deutschsprachige ökumenische Koordinationsteam befürwortet deshalb den Ausdruck „Geisterneuerung", solange kein besserer Ausdruck gefunden ist[9] (vgl. Erneuerung in Kirche und Gesellschaft, Heft 1, 1977, S. 3). Auch die Rede von einer „Kirche in der Kirche" ist sehr mißverständlich und sollte unter allen Umständen vermieden werden.

Ein ermutigendes und einzigartiges Beispiel für eine solche „volkskirchliche" charismatische Gemeinde-Erneuerung ist die Oasis-Bewegung in *Polen*. „Freie Zusammenschlüsse" würden hier von den staatlichen Organen als „illegale Organisationen" angesehen und sind deshalb schon von daher unmöglich. Die Oasis-Bewegung bezeichnet sich deshalb auch als „liturgische Erneuerung" und geht vor nach dem neuen Rituale Romanum: „Die Feier der Eingliederung Erwachsener in die Kirche" (die deutsche Ausgabe ist herausgegeben von den liturgischen Instituten Salzburg, Trier, Zürich und erschienen im Verlag Herder 1975). Im Anschluß an die altkirchliche Praxis werden Erwachsene (auch solche, die als Kinder getauft wurden, dann aber keinen Religionsunterricht erhalten haben oder in einer glaubensfeindlichen Umwelt aufgewachsen sind) hingeführt zur Tauf- und Firmerneuerung. In Polen haben im Jahre 1978 etwa 30.000 (!) Menschen an den jeweils 14tägigen Ferienkursen teilgenommen. In manchen polnischen Ortsgemeinden sind Prophetengabe, Sprachengabe, Gabe der Heilung bereits eine Selbstverständlichkeit. Das Beispiel in Polen zeigt, daß charismatische *Gemeinde*-Erneuerung nicht nur möglich, sondern für das Überleben der Kirche *notwendig* ist. Papst Johannes Paul II. hat als Erzbischof von Krakau diese charismatische Gemeinde-Erneuerung in der polnischen Bischofskonferenz befürwortet und gefördert. Die Übersetzung der „Einübung in die christliche Grunderfahrung" auch ins Polnische, Ungarische und Kroatische zeigt in einer dialektischen Rückwirkung, daß wir uns auch im deutschen Sprachraum nicht den Luxus von verlustreichen Experimenten leisten, sondern uns der Führung des Heiligen Geistes anvertrauen sollten, die ja auch in der bisherigen *Geschichte* der europäischen Kirchen sichtbar geworden ist. Die Bildung einer neuen „charismatischen Denomination", ein weltweiter ökumenischer Zusammenschluß von „erweckten" Christen, würde den Volkskirchen nicht nur geistliches Leben entziehen, sondern wäre auch ein Rückschritt auf dem Wege zur Wiederversöhnung aller Christen.

4. Heilung der Geschichte

Abschließend sei hingewiesen auf den ersten ökumenischen Kongreß der charismatischen Gemeinde-Erneuerung in Königstein 1978. Das Tagungsthema „Heilung der Geschichte" knüpfte an die in der Erneuerung geläufige Erfahrung der „inneren Heilung" an: Der einzelne trägt (allein oder in Anwesenheit einiger anderer) seine negativen Lebenserfahrungen, die Schuld *anderer* Menschen in seinem Leben, mit allen Einzelheiten und Umständen vor Gott hin und bittet ihn um Heilung von Verletzungen und Mißtrauen. Auf diese Weise erlaubt er Gott, in seine Tiefen einzudringen und vieles wiedergutzumachen, was er in der jeweiligen Lebensgeschichte zugelassen hat[10]. Analog dazu wurden auf dem Kongreß in Königstein bestimmte geschichtliche Ereignisse von dem evangelischen Kirchenhistoriker Prof. Lorenz Hein dargestellt. Die Anwesenden baten Gott in den Gebetsgottesdiensten dann um Heilung dieser geschichtlichen Erinnerungen und um Beseitigung der daraus erwachsenen Konsequenzen. Vielen wurde auf diese Weise bewußt, daß durch ausdrückliche Übernahme der Erbschuld der Spaltung und durch Zulassung der damit gegebenen Leiderfahrung das *Bewußtsein geändert wird und Neues entstehen kann*[11]. Im deutschen Sprachraum hat die Kirchenspaltung des 16. Jahrhunderts ihren Anfang genommen, und vielleicht sind deshalb gerade die Gebetsgruppen im deutschen Sprachraum aufgerufen, sich einen wahrhaft „geistlichen Ökumenismus" schenken zu lassen, in welchem der einzelne bereit ist, die geschichtlichen Objektivationen der Schuld der Väter persönlich auszuleiden und in tätiger „Verarbeitung" dem gekreuzigten Jesus ähnlich zu werden, der die Einheit der Kirche ein für allemal durch sein Kreuz erlitten hat (vgl. Eph 2, 16 ff.).

VORWORT

Die vorliegenden Seiten, die sich mit der wechselseitigen Beziehung zwischen Ökumenismus und Charismatischer Erneuerung befassen, wurden mehrmals überarbeitet.

Es war eine heikle Studie, einerseits wegen der ihr zugrundeliegenden Ekklesiologie, andererseits wegen der Komplexität der ökumenischen Situation in den einzelnen Ländern. Es sollten dabei die vorherrschenden universellen Erscheinungsformen sowohl im einen wie auch im anderen Bereich herausgearbeitet werden.

Pater Paul Lebeau SJ danke ich für seine wertvolle theologische Mitarbeit, und mit ihm danke ich den befreundeten Theologen der verschiedenen Länder und Konfessionen, die in mündlicher oder schriftlicher Form auf diese Seiten reagiert haben.

Auch möchte ich meinen Dank an Steve Clark, Veronica O'Brien und Ralph Martin abstatten: Ihr ökumenisches Einfühlungsvermögen, ihre Erfahrung und ihr Verständnis für die konkreten Situationen halfen mir, die pastoralen Richtlinien dieser Arbeit herauszuarbeiten.

Schließlich gilt mein Dank allen im Verlauf der Studie erwähnten Autoren: Ihr Wissen oder ihre ökumenische und charismatische Erfahrung halfen mir, jene gewaltigen Ströme der Gnade zu erfassen, die der Heilige Geist zur Erneuerung seiner Kirche in unseren Tagen zusammenfließen läßt.

† L.-J. Kardinal SUENENS

ÖKUMENISMUS UND CHARISMATISCHE ERNEUERUNG

Einleitung

Die vorliegenden Seiten sind eine Fortführung der unter der Bezeichnung „Dokument von Mecheln“ bekannten Studie: „Theologische und pastorale Orientierungen über die Katholische Charismatische Erneuerung“ (1974).

Hier liegt nun das zweite Dokument der Reihe vor. Sein Zweck ist, aufzuzeigen, welchen spezifischen Beitrag die Charismatische Erneuerung zur Ökumenischen Bewegung leisten kann, die eine Wiedervereinigung der getrennten Christen anstrebt.

Um den eigentlichen Beitrag der Erneuerung herauszukristallisieren und genauer darzulegen, soll zunächst kurz an die Bedeutung und Zielsetzung der Ökumenischen Bewegung als solche erinnert werden.

Weiterhin soll versucht werden, aufzuzeigen, wie die Charismatische Erneuerung ihrerseits und auf ihrer eigenen Ebene deren Weiterentwicklung fördern kann.

Daraus ergibt sich die erste Frage: *Was ist die ökumenische Strömung?*

Darauf kann nur kurz erwidert werden, daß sie der Zusammenfluß der übereinstimmenden Bestrebungen jener Christen ist, die aus dem Antrieb des Heiligen Geistes heraus bemüht sind, die sichtbare Einheit der Kirche Christi wiederherzustellen. Diese Antwort ruft wiederum eine Reihe von Fragen hervor:

Was ist unter „Einheit“, die „wiederherzustellen“ ist, zu verstehen?

Was ist unter „sichtbare Einheit“ zu verstehen?

Was ist unter „Kirche Christi“ zu verstehen?

Von der Beantwortung jeder einzelnen dieser Fragen wird die Übereinstimmung der gegenwärtigen Bestrebungen abhängen.

Unter Ökumenismus ist jedoch nicht nur ein klar umreißbares Ideal zu verstehen, das von ein paar vereinzelten Christen, die von diesem Gedanken ergriffen sind, hartnäckig verfolgt wird: Er ist eine verpflichtende Aufgabe für alle Christen, kraft der Taufe allen gemeinsam, die sich auf das Evangelium berufen.

Die Verpflichtung zur Einheit verschärft sich in unserer Zeit aufgrund des Zustandes moralischer Not und angesichts der Entchristlichung der Welt. Auch das muß ausgesprochen werden.

Weiterhin soll von der charismatischen Strömung die Rede sein, um zu zeigen, wie diese auf ihrer Ebene dazu beitragen kann, die Christen der verschiedenen Bekenntnisse einander nahezubringen, indem sie ihnen eine besondere Stätte ökumenischer Begegnung anbietet: ,,die Gemeinschaft im Heiligen Geist" eine Gemeinschaft, die sie für Gott und ihre Brüder öffnet.

Es genügt indes nicht, sich auf eine gemeinsame gleichartige Erfahrung, auf ein gemeinsames Anhangen dem Heiligen Geist gegenüber, zu berufen: Wiederum muß auseinandergehalten werden, was man darunter versteht, sonst könnte der Ökumenismus mißglücken.

Dann wird man umso leichter von der ungeheuren Hoffnung auf Einheit unter den Christen sprechen können, die im geistlichen Ökumenismus verborgen ist und der die Charismatische Erneuerung neuen Antrieb geben kann.

Dabei soll die Bedeutung des ökumenischen Wirkens auf anderen Gebieten, so auf sozialem, wirtschaftlichem und politischem Gebiet, keineswegs verkannt werden. Doch scheint die göttliche Vorsehung der Charismatischen Erneuerung eine ganz besondere, zukunftsreiche Rolle zuschreiben zu wollen, wenn sie durch sie zu brüderlichen und innigen Begegnungen unter Christen führt, die ,,in einmütigem Gebet verharren", deren Urbild das Obergemach zu Jerusalem vor dem Pfingstfest ist.

Auf den Boden des konkreten Alltags übergehend, soll sodann ein ,,Modus vivendi" umrissen werden, der der Komplexität und Verschiedenartigkeit der Situation durch weitgehendste Achtung vor jedem einzelnen möglichst Rechnung trägt, um alles zu verhindern, was die Annäherung der Herzen und Gemüter hemmen könnte.

Am Schluß fordern wir alle Christen – angefangen mit uns, den Katholiken – auf, die notwendige Umkehr zu vollziehen, um dem Willen Gottes für die Einheit seiner Kirche zu willfahren sowie der bewußten oder unbewußten Erwartung der Menschen zu entsprechen, die in uns und durch uns das Antlitz ihres einzigen und gemeinsamen Erlösers: unseres Herrn Jesus Christus, zu erkennen suchen.

Diese Seiten sind unmittelbar für die Katholiken geschrieben, die danach streben, die Lehre der Kirche zu beachten und durch ihr Leben praktisch zu erfüllen. Sie wollen in aller Klarheit und ohne Absicht auf

Polemik oder auf Diskussion aufgefaßt werden. Es ist unser Wunsch, daß man sie Kapitel für Kapitel lesen und in Gruppen der Erneuerung sowie in den Arbeitsausschüssen von Kongressen zum Gegenstand der Untersuchungen machen möge und daß sie außerdem durch andere Arbeiten derselben Richtung ergänzt werden, damit man ihre Prinzipien ergründen und ihre Anwendung verstehen kann.

Der Ökumenismus ist nur in gegenseitiger Achtung durchführbar; er verlangt von jedem die Anerkennung der Wesensart des anderen; sein großes Gebot ist und bleibt das von meinem erlauchten Vorgänger, Kardinal Mercier, formulierte, als er anläßlich der berühmten „Mechelner Unionsgespräche", die den ersten ökumenischen Dialog zwischen Rom und der Anglikanischen Kirche einleiteten (1921 bis 1926), schrieb:

> „Man muß dem anderen begegnen, um ihn zu kennen,
> ihn kennen, um ihn zu lieben,
> ihn lieben, um sich mit ihm zu vereinigen."

I.
DIE ÖKUMENISCHE STRÖMUNG

A) Geschichte und Gegenwartsbedeutung

1. Zwei Antriebe des Heiligen Geistes

Jeder Christ ist verpflichtet, aufmerksam auf das zu hören, „was der Geist den Gemeinden sagt.“

In jeder Epoche spricht Er zu den Seinen mit unterschiedlichem Drängen und mit unterschiedlichen Akzenten, die jedoch alle darauf abzielen, das Evangelium „im Geiste und in der Wahrheit“ zu leben.

Da wir von den Alltagsgeschehnissen allzu stark beansprucht werden, fällt es uns schwer, das Flüstern des Heiligen Geistes zu vernehmen, denn Er spricht leise und man muß genau hinhören. Wir sind nicht schon von Natur aus auf seine Wellenlänge eingestellt.

Zur gegenwärtigen Stunde verspüren wir eine zweifache Strömung von Gnaden, gleichsam als doppelten Anruf des Heiligen Geistes: Die ökumenische Strömung, die den Christen in Erinnerung ruft, daß die Kirche eins sein muß, wenn sie sich selbst treu bleiben will: „daß alle eins seien, wie du, Vater, in mir und ich in dir“, aber auch, um glaubwürdig zu sein: „damit die Welt glaube, daß du micht gesandt hast.“

Parallel durchfließt eine andere, jüngere Strömung die Kirche: die charismatische Strömung. Sie erinnert die Christen daran, daß der Heilige Geist der Lebenshauch seiner Kirche ist, daß seine aktive und machtvolle Anwesenheit stets in dem Maße zur Geltung kommt, als wir an ihn glauben, ihn erwarten und sein Wirken kühn geschehen lassen.

2. Die ökumenische Strömung

Bekanntlich nahm der Ökumenismus im Jahre 1910 beim Kongreß von Edinburgh in Schottland auf Betreiben der protestantischen Missionare einen neuen Anfang: Sie waren es leid, ein umstrittenes Evangelium in Missionsgebiete zu bringen und unsere Streitigkeiten und Spaltungen dort zur Schau zu stellen, wo es einer Vereinigung aller christlichen

Kräfte bedurft hätte, um Christus gemeinsam zu verkünden. Der reformierte Theologe Lukas Vischer, Studiensekretär der Kommission „Glaube und Kirchenverfassung" des Ökumenischen Rates der Kirchen, sagte sehr zu Recht: „Die gespaltene Kirche bietet der Welt ein widersprüchliches Evangelium dar."

Es ist hier nicht unsere Aufgabe, die Geschichte der unternommenen Bemühungen darzulegen, die dem Skandalum der Spaltung ein Ende bereiten und die sichtbare Einheit der Christen fördern wollten. Seit Edinburgh konnte die Annäherungsbewegung in wichtigen Etappen vorankommen: Amsterdam (1948), Evanston (1954), Neu Delhi (1961), Uppsala (1968), Nairobi (1975).

Im Verlauf dieses Weges gründete diese Bewegung zur sichtbaren Einheit einen Weltrat (Amsterdam 1948), sie gab sich eine Charta und eine Definition. Keineswegs will der Weltrat der Kirchen, das muß betont werden, eine Überkirche auf weltweiter Ebene sein. Die in Neu Delhi angenommene Definition ist folgende:

„Der Weltrat ist eine brüderliche Vereinigung von Kirchen, die den Herrn Jesus Christus als Gott und Erlöser gemäß der Schrift anerkennen, und die sich bemühen, zusammen ihrer gemeinsamen Berufung zur Ehre des einzigen Gottes, des Vaters, des Sohnes und des Heiligen Geistes, zu entsprechen."

Ziel des Weltrates ist die Einigung aller Christen in ihrer dreifachen Berufung, die ihnen gemeinsam ist: Berufung zur Zeugenschaft (martyria), zur Einheit (koinonia) und zum Dienst (diaconia).

3. Der Ökumenismus und Rom

Die römisch-katholische Kirche, die sich aus Angst vor einem dogmatischen Relativismus zunächst zurückhaltend und zögernd verhielt, schloß sich der ökumenischen Strömung schließlich allmählich an. Die Rolle der Vorläufer ist ja bekannt: Pater Portal, die Kardinäle Mercier und Bea sowie die bahnbrechenden Theologen: Dom Lambert Beauduin, Congar . . .

Ein entscheidender Impuls wurde von Papst Johannes XXIII. und dem II. Vatikanischen Konzil gegeben, dessen Texte zur dogmatischen Konstitution über die Kirche (*Lumen gentium*) und zum Ökumenismus (*Unitatis redintegratio*) die ekklesiologische Charta bilden, die jeder katholische Gläubige kennen müßte.

Seit Beginn seiner ersten Begegnung mit den von ihm zum Konzil eingeladenen Beobachtern der anderen Kirchen schuf Johannes XXIII. ein neues Klima. Ohne Umschweife und mit einer Offenheit und Aufrichtigkeit, die ihm alle Herzen gewann, erklärte er sogleich: ,,Wir werden keinen historischen Prozeß führen, wir werden nicht zu sehen trachten, wer recht hatte und wer nicht. Die Verantwortung ist geteilt. Wir werden nur sagen: Vereinigen wir uns wieder, beenden wir die Zwistigkeiten."

Das II. Vatikanische Konzil stellte unzweideutig fest, daß ,,der Geist weht, wo er will", und es erkannte den Reichtum seiner Gegenwart in den christlichen Kirchen oder Gemeinschaften außerhalb der katholischen Kirche an.

,,Es ist notwendig", sagte das Konzil, ,,daß die Katholiken die wahrhaft christlichen Güter aus dem gemeinsamen Erbe mit Freude anerkennen und hochschätzen, die sich bei den von uns getrennten Brüdern finden. Es ist billig und heilsam, die Reichtümer Christi und das Wirken der Geisteskräfte im Leben der anderen anzuerkennen, die für Christus Zeugnis geben, manchmal bis zur Hingabe des Lebens: Denn Gott ist immer wunderbar und bewunderungswürdig in seinen Werken.

Man darf auch nicht übergehen, daß alles, was von der Gnade des Heiligen Geistes in den Herzen der getrennten Brüder gewirkt wird, auch zu unserer eigenen Auferbauung beitragen kann. Denn was wahrhaft christlich ist, steht niemals im Gegensatz zu den echten Gütern des Glaubens, sondern kann immer dazu helfen, daß das Geheimnis Christi und der Kirche vollkommener erfaßt werde" (Dekret über den Ökumenismus, Nr. 4).

4. Zusammenhänge und Übereinstimmung

Gleichzeitig mit diesem Geschichtsabschnitt, beginnend mit dem Jahre 1900, konnte man innerhalb der Kirche eine andere bedeutende spirituelle Strömung entstehen sehen, die unter der allgemeinen Bezeichnung ,,Pfingstbewegung" bekannt ist, obgleich sie in den verschiedenartigsten Verzweigungen auftritt. Im folgenden Kapitel soll ihre Geschichte und Bedeutung kurz dargelegt werden, nicht, um sie erschöpfend zu untersuchen, sondern um die Charismatische Erneuerung in das ökumenische Blickfeld zu stellen.

Wir Katholiken müssen einsehen, daß unsere „ökumenische" Aufschließung eine langsame war, und daß unsere „charismatische", die übrigens noch nicht völlig erreicht ist, ebenfalls „anderswoher" stammt, und nicht aus unseren Reihen.

Wir glauben, daß die Charismatische Erneuerung zu einer ökumenischen Sendung berufen ist, aber wir glauben auch, daß in ihr der Ökumenismus eine Gnade geistiger Vertiefung und, nötigenfalls, eine Ergänzung oder Korrektur finden wird.

Es scheint uns, als wolle der Heilige Geist dazu auffordern, die innige Verbindung der beiden Strömungen als zwei Arme ein und desselben Flusses aufzufassen, der von derselben Quelle ausgeht, um dieselben Gestade zu netzen und sich in dasselbe Meer zu ergießen.

Es ist nicht außergewöhnlich, daß das vielfältige Wirken des Geistes nicht schon von Beginn an in seiner tiefsten Einfachheit zutage tritt. Von der Warte eines zeitlichen Abstands gesehen, stellt man fest, daß die ökumenische und die charismatische Strömung einander in ihren Tiefen stärken, und daß es sich hier um ein und dasselbe Wirken, um ein und denselben Antrieb Gottes und um ein und dieselbe innere Logik handelt. Die Kirche kann nicht ganz „im Stande der Mission" sein, wenn sie nicht „im Stande der Einheit" ist, und sie kann nicht im Stande der Einheit sein, wenn sie sich nicht „im Stande der Erneuerung" befindet. Sendung aus dem Evangelium, Ökumenismus, Erneuerung aus dem Heiligen Geist, all das ist eins, lediglich die Gesichtswinkel unterscheiden sich.

Rein logisch gesehen, müßte die spirituelle Erneuerung dem Ökumenismus als Vorbedingung vorausgehen. Dies war der Gedankengang Johannes' XXIII., als er das Konzil einberief. Aber von der Logik des Lebens gesehen, wirkt der Geist gleichzeitig auf vielfache Weise. Und dies läßt uns wiederum den lebenswichtigen Zusammenhang zwischen Ökumenismus und Erneuerung besser verstehen.

Es wurde zu Recht gesagt, daß der Ökumenismus – über die Mission und durch das Mittel der geistlichen Erneuerung – der Weg der Christen zur Einheit ist. In seinem Kommentar zu dieser Feststellung schreibt P. J. C. Hernando vom Spanischen Sekretariat für ökumenische Angelegenheiten:

„Die vorrangigen Punkte sind: Erneuerung, christliche Einheit, Mission. Offensichtlich handelt es sich dabei mehr um ein simultanes Wirken mit ursächlichem Zusammenhang als um zeitlich unterschiedliche Momente. Wir warten nicht erst die Vollendung der Erneuerung ab, um auf die Einheit hinzuarbeiten. Schon während wir auf unsere Erneuerung hinwirken, arbeiten wir an unserer Einigung. Und während wir dies tun, müssen wir gleichzeitig an der Mission mitwirken. Dies sind die Aufgaben, die wir gleichzeitig zu verwirklichen haben, obgleich die Wirksamkeit der Mission von der zuvor erlangten Einheit abhängt, und diese wiederum von der vorausgehenden Verwirklichung der kirchlichen Erneuerung. Das heißt, daß die oben erwähnten Prioritäten voneinander abhängen. Aber es sind dennoch Prioritäten."[1]

5. Die Dringlichkeit des ökumenischen Anliegens

a) „Die Christen christianisieren"

Diese Dringlichkeit wird augenfällig, wenn wir einen Blick auf den Stand der Christianisierung der christlichen Welt werfen. Ohne auf Statistiken oder auf die Soziologie zurückzugreifen, brauchen wir bloß die Frage zu stellen: „Christen, sind wir wirklich christianisiert?" Diese Fragestellung zwingt uns alle, unsere Bemühungen zu vereinen, damit wir immer mehr zu wahren Jüngern des Herrn werden. In einem aufwühlenden Buch stellt Prof. Delumeau, Professor für Geschichte an der Sorbonne, die Frage: „Waren wir überhaupt je wirklich christianisiert?" Die Geschichte, die vom Verfasser aus der Vogelschau überblickt wird, ist hier sehr aufschlußreich. In der ersten Zeit hatte es eine wirkliche Evangelisierung der Erwachsenen gegeben; in der Folge trat eine Ära ein, in der man schon in der Kindheit getauft wurde. Die Gesellschaft wurde angeblich christlich, nämlich im soziologischen Sinne. Von da an wurde die Christianisierung als etwas Vollzogenes, vom gesamten sozialen Kontext Unterstütztes und im Erbweg Weitergegebenes betrachtet. Delumeau hat recht, seine Frage zu stellen. Gewiß, wir wurden sakramentalisiert! Aber ob wir auch evangelisiert und als verantwortliche Erwachsene christianisiert wurden, das ist eine völlig andere Frage!

b) Gemeinsam der Welt das Evangelium bringen

Dieselbe Dringlichkeit ergibt sich auch, wenn es um die Erfüllung unserer „äußeren" Evangelisationspflicht geht. Dies ist ein Anruf an uns alle, wenn wir dem Herrn gehorchen wollen, der von den Seinen nichts Geringeres verlangt als der ganzen Schöpfung das Evangelium zu bringen.

In seiner wunderbaren Apostolischen Exhortation, dem Ergebnis der gemeinsamen Arbeit der Synode des Jahres 1974, schreibt Paul VI.:

,,Die Kraft der Evangelisierung wird sehr geschwächt, wenn die Verkündiger des Evangeliums unter sich durch vielfältige Spaltungen entzweit sind. Ist das nicht eine der Hauptwurzeln des Unbehagens in der heutigen Evangelisierung? Wenn in der Tat das von uns verkündete Evangelium von Lehrstreitigkeiten, von ideologischen Gegensätzen oder von gegenseitigen Verurteilungen unter Christen zerrissen erscheint, weil sie unterschiedliche Auffassungen über Christus und die Kirche haben, ja selbst wegen unterschiedlicher Auffassungen von der Gesellschaft und von menschlichen Einrichtungen, wie sollen dann die Empfänger unserer Predigt nicht verwirrt und desorientiert werden oder dies gar als Skandal empfinden?

Das geistliche Testament des Herrn sagt uns, daß die Einheit der Gläubigen nicht nur die Probe dafür ist, daß wir Christus angehören, sondern auch der Beweis, daß er vom Vater gesandt ist: also Test der Glaubwürdigkeit der Christen wie auch Christi selbst. Als Träger der Evangelisierung dürfen wir den an Christus Glaubenden nicht das Bild von zerstrittenen und durch Fronten getrennten Menschen geben, die nichts auferbauen, sondern müssen im Glauben gereifte Menschen sein, die fähig sind, sich trotz aller konkreten Spannungen in gemeinsamer, aufrichtiger und lauterer Wahrheitssuche zu begegnen. Wirklich, das Schicksal der Evangelisierung ist mit aller Bestimmtheit an das von der Kirche gebotene Zeugnis der Einheit gebunden. Daraus ergibt sich Verantwortung, aber auch Trost" (Exhortatio Apostolica ,,Evangelii nuntiandi", 77.).

c) Der Not der Welt gemeinsam entgegentreten

Dieselbe Verpflichtung zur Einheit ergibt sich für uns in diesem ausgehenden zwanzigsten Jahrhundert auf Grund des Zustands einer Welt, die, trotz mancher unbestreitbarer Fortschritte, in sovieler Hinsicht hinweggetrieben wird. Wieviel Unrecht, wieviel Unmenschlichkeit rings um uns, und welche apokalyptische Bedrohungen lasten auf der Zukunft und dem Überleben der Welt.

Wir sind im Begriffe, den Menschen zu entmenschlichen, weil wir ihm in bezug auf das Absolute keinen Lebenssinn geben. Die Gesellschaft ist in ihrem Denken und Handeln aus dem Gleichgewicht geraten und einer moralischen Abdankung ohnegleichen preisgegeben, die umso furchtbarer ist, als das Gewissen der Menschen gleichsam betäubt und reaktionslos ist. Mehr denn je brauchen wir ein kraftvolles und starkes Christentum, das sich auf die Macht des Heiligen Geistes stützt. Nur ein gut verankerter Glaube kann „kraft der Auferstehung" Jesu Christi einen Grabstein heben.

In der wichtigen Ansprache, die der Papst anläßlich des Weihnachtsfestes 1977 an das Heilige Kollegium richtete, ließ er folgenden ergreifenden Warnruf vernehmen:

„Dunkle Schatten breiten sich über das Geschick der Menschheit: die blinde Gewalt, der erbarmungslose Terrorismus, der nach dem utopischen Plan einer aus der Asche der Zerstörung entstehenden Wiedergeburt nur Haß und Ruinen auftürmt; die Zunahme der Kriminalität; die Diskriminierungen und Ungerechtigkeiten in weltweitem Maßstab; die Vorenthaltung der Religionsfreiheit; die Ideologie des Hasses; die entfesselte Verfechtung der niedrigsten Instinkte durch die Pornographie der Massenmedien, die, hinter kulturellen Scheinzwecken, eine entwürdigende Geldgier und eine schamlose Ausbeutung der menschlichen Person verbirgt; die ständigen Verführungen und Bedrohungen von Kindern und Jugendlichen, wodurch die frischen, schöpferischen Kräfte ihres Verstandes und Herzens untergraben und unfruchtbar gemacht werden: all das weist darauf hin, daß die Achtung vor den moralischen Werten beklagenswert gesunken ist, als Opfer des geheimen und organisierten Wirkens des Bösen und des Hasses"[2].

B) Die ökumenische Zielsetzung

Um diesen Weg gemeinsam gehen zu können, muß man wissen, wohin man geht. Deshalb muß die sichtbare Einheit der Kirche Christi, zu der man gemeinsam gelangen will, in voller Deutlichkeit definiert werden.

Daraus ergeben sich drei Fragen:

Was ist unter der wiederherzustellenden kirchlichen Einheit zu verstehen?

Was ist unter der sichtbaren Einheit zu verstehen?

Was ist unter der Kirche Christi zu verstehen?

1. Was ist unter „Einheit" zu verstehen?

a) Einheit und nicht Gleichförmigkeit

Hier muß gleich eingangs zwischen „dogmatischer" und „historischer" Einheit unterschieden werden. Die erste hängt vom Glauben, die zweite von den geschichtlichen Bedingungen einer Zeit ab. Es ist nicht leicht, die Einheit im „Reinzustand" aus ihren akzidentellen Hüllen herauszuschälen. Wir katholischen Apologeten pflegten früher solche Zeichen der Einheit der Kirche zu betonen, die deren Natur keineswegs innewohnten. Wesenseinheit darf nicht mit Gleichförmigkeit verwechselt werden.[3]

Nach dem II. Vatikanischen Konzil wurde dies zu einer klassischen Unterscheidung. Ein berühmtes Memorandum von Dom Lambert Beauduin, das von Kardinal Mercier bei den Unionsgesprächen von Mecheln verlesen wurde, trug den für die damalige Zeit mutigen Titel: „Eglise unie, non absorbée". Zu der Zeit, als Dom Lambert Beauduin dieses Memorandum verfaßte, war das ein kühnes Unterfangen. In unseren Tagen berief sich mehr als einmal Kardinal Willebrands darauf, und Papst Paul VI. selbst zitierte es in seiner Begrüßungsansprache an den Erzbischof von Canterbury, Dr. Coggan, im April 1977[4]. Innerhalb des Nichtwesentlichen wird vom Gesichtspunkt einer Wiederherstellung der sichtbaren Einheit dem Pluralismus breiter Raum gewährt.

Wer erinnert sich in diesem Zusammenhang, unter so vielen bedeutenden Erklärungen, nicht an die Ansprache Pauls VI. beim Symposium der Bischöfe Afrikas vom 27. Juli 1969:

„Eure Kirche", führte der Papst aus, „. . . muß sich voll und ganz auf das gleiche, wesentliche und konstitutionelle Erbe der Lehre Christi begründen und sich zur authentischen und maßgeblichen Überlieferung der einen und wahren Kirche bekennen. Dies ist eine fundamentale und unabdingbare Forderung . . . Wir sind doch nicht die Erfinder unseres Glaubens. Wir sind nur die Bewahrer des Glaubens . . .

Die Ausdrucksformen jedoch, das heißt, die sprachliche Form und die Bekundung dieses einen Glaubens, können vielgestaltig sein und somit aus eigener Ursprünglichkeit kommen. Sie können der Sprache, dem Stil, dem Wesen, dem Geist und der Kultur desjenigen entsprechen, der diesen Glauben bekennt. Unter diesem Aspekt ist ein Pluralismus durchaus angebracht, ja sogar erwünscht. Eine Anpassung der christlichen Lebensformen an die Belange der Seelsorge, der Liturgie und der Glaubensverkündigung sowie des geistlichen Lebens ist nicht nur möglich, sondern wird von der Kirche gefördert . . . Das Mysterium des Christentums braucht eine Zeit der Entwicklung im Geist und in der Wesensart Eures Volkes, um dann seine eigene Stimme viel klarer und freimütiger mit den übrigen Stimmen der Weltkirche erheben zu können."[5]

Eben dies sagt schon das Dekret über den Ökumenismus mit folgenden Worten:

„Alle in der Kirche sollen unter Wahrung der Einheit im Notwendigen, je nach der Aufgabe eines jeden, in den verschiedenen Formen des geistlichen Lebens und der äußeren Lebensgestaltung, in der Verschiedenheit der liturgischen Riten sowie der theologischen Ausarbeitung der Offenbarungswahrheit, die gebührende Freiheit walten lassen, in allem aber die Liebe üben" (Nr. 4).

b) Die „wiederherzustellende" Einheit

Es erhebt sich eine weitere Frage: Was ist eigentlich gemeint, wenn man davon spricht, die kirchliche Einheit müsse „wiederhergestellt", „wiedererlangt" werden?

Hier muß außerdem die Glaubensperspektive sorgfältig von der soziologischen Sicht unterschieden werden, die in der Kirche ausschließlich ein soziologisches Phänomen sieht.

Nur der Glaube läßt uns das „Mysterium der Kirche" wahrnehmen. Von dieser Kirche spricht das Credo, wenn es heißt: „Ich glaube an die eine, heilige, katholische und apostolische Kirche."

Die Kirche des Glaubens ist die Erbin der Verheißung Jesu Christi: „Ich bin bei euch *alle Tage* bis ans Ende der Welt." Sie bleibt vom Heiligen Geist beseelt, der ihr unauflöslich treu bleibt, um sie in die Fülle der Wahrheit hineinzuführen.

Das II. Vatikanische Konzil legte schon im ersten Kapitel seiner dogmatischen Konstitution „Lumen Gentium" darauf Wert, die Kirche als Mysterium zu definieren, bevor die übrigen Aspekte, die sich aus ihrer Wesenheit ergeben, beschrieben werden. Diese Anordnung der Kapitel darf niemals übersehen werden, wie Erzb. Quinn, der derzeitige Vorsitzende der Bischofskonferenz der Vereinigten Staaten, sehr zu Recht in Erinnerung rief: „Es ist bemerkenswert, daß das Vatikanische Konzil seine Behandlung der Kirche nicht mit dem Volk Gottes begann, wie häufig, aber irrigerweise behauptet wird. Das Konzil begann mit der Kirche als Mysterium. Die Kirche als Mysterium sollte der gesamten konziliaren Lehre zugrundegelegt werden. Sie ist eine in Gott verborgene, in Jesus Christus geoffenbarte und aus der Kraft des Heiligen Geistes über die Erde verbreitete Wirklichkeit . . ."[6]

Man muß sich daher vor einer Ausdrucksweise hüten, die glauben ließe, die Kirche von heute sei wiederherzustellen wie ein altes Schloß mit schwankenden Mauern, so, als sei die Kirche vom Heiligen Geist verlassen worden und als sei ihre „Einheit" nicht eine schon ihrer Wesenheit innewohnende ursprüngliche Wirklichkeit gewesen.

So wie die Heiligkeit läßt sich auch die Einheit der Kirche nicht durch unsere Anstrengungen hervorrufen: Beides sind Gaben Christi, die seiner Kirche von allem Anfang an verliehen wurden.

So wie die Heiligkeit der Kirche nicht die Summe der zusammengezählten Heiligmäßigkeiten ihrer Glieder ist, so ist auch die Einheit der Kirche kein fernes anzustrebendes Ziel, eine von uns herzustellende oder wiederherzustellende Einheit, sondern eine Einheit, die ein Geschenk Gottes darstellt und die uns ihre Logik und ihre Forderungen auferlegt.

Der Ökumenismus ist dem Untergang geweiht – in diesem Punkt ist die orthodoxe Kirche mit der katholischen einer Meinung –, wenn er diese grundlegenden kirchlichen Wahrheiten vergißt und wenn es ihm widerfahren sollte, sich als Verbindung der Bestrebung zur Schaffung irgendeiner Kirche der Zukunft darzustellen.

Mgr. Philips, der Hauptverfasser von Lumen Gentium, schrieb in seinem Kommentar zur Einheit der Kirche: „Ihre Einheit muß daher ebenfalls in einem dynamischen Sinn aufgefaßt werden: Sie ist eine vom Heiligen Geist ausfließende Kraft, die der Kirche eingegossen ist. Wenn Christus eins ist, so muß auch seine Kirche eins sein, sie muß es mit jedem Tag mehr sein: Hier liegt der ganze Ökumenismus im Keim."[7]

Die Einheit ist zugleich Gabe und Aufgabe, in Besitz genommene und anzustrebende Wirklichkeit. Die Bemühungen um die Wiederherstellung der Einheit liegen auf der Ebene des Sichtbaren und Geschichtlichen, nicht im Inneren ihres Mysteriums.

c) Die fundamentale Einheit

Die Einheit der Kirche, sagten wir, ist mit einem Pluralismus auf liturgischem, kanonischem, spirituellem Gebiet vereinbar. Aber sie erfordert eine fundamentale Einheit im Glauben, ohne jegliche Möglichkeit eines Kompromisses. Wir sagen nicht, in der Theologie, denn sofern der Glaube unangetastet bleibt, begrüßt die Kirche eine Vielheit von Theologien. Es ist daher wichtig, das Wesentliche des Glaubens herauszuarbeiten.

Sehr zu Recht schrieb Kardinal Ratzinger, daß „der Ökumenismus nur dann Bestand haben wird, wenn er die volle Verpflichtung übernimmt, in der Kirche an einem gemeinsamen Glauben teilzuhaben."[8]

Aber eben hier, bei der notwendigen Einheit im Glauben, lauert die Gefahr der Zweideutigkeit. Man ist leicht versucht, dieses „Wesentliche" des Glaubens so herauszuschälen, daß man unsere Spaltungen und umstrittenen Wahrheiten in den Bereich des Unwesentlichen und Nebensächlichen verlegt. Man kann nämlich „fundamental" nicht einfach gleichsetzen mit „dem, was gemeinsam ist".

Es gibt kein „abgekürztes" Christentum, keine Art Restbestand dessen, was aus den Unterschieden übrigbleibt, wovon zum Beispiel der Katholizismus oder die Orthodoxie nebensächliche Varianten wären. Christus hat nur eine einzige Kirche gegründet, mit all dem, was sie zuläßt. Unsere Spaltungen, die ein Ärgernis bleiben, berechtigen uns nicht, von den zweifelhaften Zufällen der Geschichte her zu definieren, was wesentlich und was unwesentlich ist. An dieses Erfordernis wird man sich beim Kapitel über die pastoralen Richtlinien erinnern müssen.

Es wäre eine Verneinung des echten Ökumenismus, wenn die Christen einander nur auf der Basis des kleinsten gemeinsamen Nenners treffen wollten. Das könnte sogar zu einem Christentum ohne Kirche, selbst ohne Taufe, oder zu einer Überkirche ohne Fundament führen.

Wenn man will, daß die Einigungserfahrungen für jeden einzelnen ohne doktrinelle Verwirrung und in der notwendigen Treue zur Verwirklichung kommen, so muß der Weg zur Einheit ein klarer sein.

Das erste Gesetz des Ökumenismus lautet, den aufrichtigen Glauben des anderen zu achten: Schon hier wäre es verletzend, wollte man alles, was uns trennt, ohne notwendige Unterscheidung als nebensächlich bezeichnen.

Hält man zum Beispiel für „fundamental"

> ein Christentum, das Christus, aber nicht die Kirche annimmt,
> das Wort Gottes, nicht aber die lebendige Tradition, die dieses in Unterordnung stützt und trägt,
> die Charismen des Heiligen Geistes, nicht aber die ministerielle und sakramentale Struktur der Kirche,

so bedeutet das von vornherein, vom Katholiken zu verlangen, wesentliche Punkte seines Glaubens zu verleugnen, und es bedeutet, den ökumenischen Dialog in eine Sackgasse zu führen.

d) Hierarchie der Wahrheiten

All dies widerspricht keineswegs der Tatsache, daß nicht alle Wahrheiten gleich zentral sind. Das II. Vatikanische Konzil sprach sehr richtig von einer „Hierarchie der Wahrheiten“:

„Darüber hinaus“, heißt es dort, „müssen beim ökumenischen Dialog die katholischen Theologen, wenn sie in Treue zur Lehre der Kirche in gemeinsamer Forschungsarbeit mit den getrennten Brüdern die göttlichen Geheimnisse zu ergründen suchen, mit Wahrheitsliebe, mit Liebe und Demut vorgehen. Beim Vergleich der Lehren miteinander soll man nicht vergessen, daß es eine Rangordnung oder ‚Hierarchie‘ der Wahrheiten innerhalb der katholischen Lehre gibt, je nach der verschiedenen Art ihres Zusammenhangs mit dem Fundament des christlichen Glaubens. So wird der Weg bereitet werden, auf dem alle in diesem brüderlichen Wettbewerb zur tieferen Erkenntnis und deutlicheren Darstellung der unerforschlichen Reichtümer Christi angeregt werden“ (Dekret über den Ökumenismus, Nr. 11).

Hier ist der Annäherung eine Tür geöffnet. Vorausgesetzt, daß man genau versteht, was „Hierarchie der Wahrheiten“ bedeutet.

Es gibt in der göttlichen Offenbarung keine mehr oder weniger geoffenbarte Wahrheit, und alles, was Gott uns mitteilt, verdient den gleichen Glauben.

Alle Wahrheiten müssen mit demselben Glauben geglaubt werden, aber sie nehmen im Heilsmysterium nicht denselben Platz ein. Sie stehen in mehr oder minder inniger und in mehr oder minder unmittelbarer Beziehung zu Christus, und durch Ihn zum Mysterium der Trinität. Manche Wahrheiten betreffen die Substanz des christlichen Lebens selbst, andere liegen im Bereich der Mittel, zu diesem Ziel zu gelangen. Schließlich gibt es eine abstrakte, etwa von den Theologen aufgestellte Hierarchie der Wahrheiten, die durch das Leben der einfachen Christen zu einer konkreten wird. Die beiden Wege sind nicht identisch. Die Frage bedarf einer weiteren Vertiefung durch die Theologen, doch liegt hier eine ökumenische Spur, die es zu verfolgen gilt.

Was uns anbelangt, so ist die Feststellung wichtig, daß die Kirche als eine vom Heiligen Geist beseelte Institution eines der grundlegenden Mysterien des Christentums ist. Man kann sie daher nicht als Überstruktur und in eine nachrangige Kategorie eingeordnet sehen, selbst wenn ihr signifikanter Wert von der Sünde der Menschen verdunkelt wird. Sie steht im Mittelpunkt der Lehre des Neuen Testaments, schon allein deshalb, weil Christus durch seinen Geist in ihr weiterlebt.

Auch das kirchliche Dienstamt ist keine Art von Gerüst; es entspricht nicht nur einer funktionellen Notwendigkeit: In seinen grundlegenden Erscheinungsformen gehört es dem Wesen der Kirche an und kann sich daher nicht zurückziehen, um einer charismatischen Führungsschicht, so wertvoll sie auch sein mag, Platz zu machen. Dieses kirchliche Dienstamt ist ein Amt der Leitung und der Einheit, gegründet auf einer sakramentalen Weihe, welche die Gemeinschaft von innen her strukturiert. Seine unveräußerliche Sendung ist es, die Charismen aufeinander hinzuordnen zum Aufbau der Kirche und eine Gemeinschaft im Heiligen Geiste zu gewährleisten.

e) Stimmt es, daß die Lehre trennt und die Aktion einigt?
Es gab eine Zeit, da man in ökumenischen Kreisen gerne das Sprichwort zitierte, wonach ,,die Lehre trennt, die Aktion aber einigt.''

Daraus wurde der Schluß gezogen, die Fragen der Lehre beiseite zu lassen und sich damit zu begnügen, eine Zusammenarbeit auf praktischem Gebiet anzustreben.

In einem bedeutenden Bericht vor dem Generalkomitee des Weltkirchenrates bestätigte Pastor Lukas Vischer vor kurzen unumwunden, man müsse sich vor dieser Art Vereinfachung hüten:

,,In jüngster Zeit'', heißt es, ,,wurde diese Parole (die Lehre trennt, die Aktion einigt) öfters umgedreht; da aber die Erfahrung zeigt, daß die Aktion die Kirchen zu neuen Formen der Spaltung führt, kam man zu der etwas überraschenden Behauptung, daß es die Lehre sei, die eine, und die Aktion, die trenne. Aber sind diese beiden Slogans in Wirklichkeit nicht beide gleich inadäquat? Beruhen sie nicht beide auf einer merkwürdigen Trennung zwischen Glauben und Handeln? Scheint nicht einfach der Irrtum des ersten Slogans in den zweiten verkehrt worden zu sein? Im Grunde ist auch bei der Aktion der Glaube im Spiel, und am Ausgangspunkt der verschiedenen Aktionsmöglichkeiten in der Welt liegen die verschiedenen Theologien, Christologien und Pneumatologien. Die Kirchen sind, heute wie gestern, dazu berufen, die Wege zu finden, sich gegenseitig im gemeinsamen apostolischen Glauben zu stärken. Es bedarf einer Form des Konsenses. Die Konflikte, die die Aktion der Kirche heute begleiten, lassen den Konsensus alles andere als überflüssig, vielmehr unerläßlicher denn je erscheinen.''[9]

2. *Warum bedarf es einer sichtbaren Einheit?*

a) Unsichtbare und sichtbare Einheit

Angesichts der Schwierigkeiten, die Kirche zu einen, wurde mehr als einmal der Versuch unternommen, zur rein spirituellen Einigung der Christen jenseits der konfessionellen Grenzen und über sie hinaus aufzurufen. In Lumen Gentium wurde vom II. Vatikanischen Konzil das Band zwischen diesen beiden Aspekten derselben Kirche, dem sichtbaren und dem geistlichen, stark betont:

„Der einzige Mittler Christus", heißt es dort, „hat seine heilige Kirche, die Gemeinschaft des Glaubens, der Hoffnung und der Liebe, hier auf Erden als sichtbares Gefüge verfaßt und trägt sie als solches unablässig; so gießt er durch sie Wahrheit und Gnade auf alle aus. Die mit hierarchischen Organen ausgestattete Gesellschaft und der geheimnisvolle Leib Christi, die sichtbare Versammlung und die geistliche Gemeinschaft, die irdische Kirche und die mit himmlischen Gaben beschenkte Kirche, sind nicht als zwei verschiedene Größen zu betrachten, sondern bilden eine einzige komplexe Wirklichkeit, die aus menschlichem und göttlichem Element zusammenwächst. Deshalb ist sie in einer nicht unbedeutenden Analogie dem Mysterium des fleischgewordenen Wortes ähnlich. Wie nämlich die angenommene Natur dem göttlichen Wort als lebendiges, ihm unlöslich geeintes Heilsorgan dient, so dient auf eine ganz ähnliche Weise das gesellschaftliche Gefüge der Kirche dem Geist Christi, der es belebt, zum Wachstum seines Leibes (vgl. Eph. 4, 16).

Dies ist die einzige Kirche Christi, die wir im Glaubensbekenntnis als die eine, heilige, katholische und apostolische bekennen" (Lumen Gentium, Nr. 8).

b) Institution und Ereignis

Aus der christlichen Heilssicht ist ein Gegensatz zwischen Geist und Institution, Inspiration und Gefüge unannehmbar, und dort, wo er sich zeigt (was vorkommt), muß er überwunden werden.

Das Heilsereignis nimmt, wie es ein reformierter Schweizer Theologe, Prof. Jean-Louis Leuba aus Neuchâtel, in bemerkenswerter Weise aufzeigt, in einer geschichtlichen Institution Gestalt an, die an es erinnert, es bezeugt und in Welt und Geschichte darstellt[10].

Umgekehrt muß die Institution dem Ereignis des Geistes geöffnet bleiben, das allein sie fruchtbar und sinnvoll zu machen vermag. Die Kirche ist jene Gemeinschaft, in der der Heilige Geist zugleich durch die gleichbleibenden institutionellen Charismen wie auch durch seine – gewöhnlichen oder außergewöhnlichen – Gaben wirkt, die seine Gegenwart und seine Macht offenbaren.

Mit einem Wort, der Geist ist immer da, um ohne Unterlaß jene institutionellen Strukturen zusammenzuhalten und zu läutern, die den Zusammenhang und das Wachstum des Leibes Christi in dieser Welt gewährleisten, um sie für das Mysterium, das sie zu verkünden haben, immer transparenter zu machen.

3. Was ist unter „Kirche Christi“ zu verstehen?

Vor dem II. Vatikanischen Konzil pflegten katholische Theologen für gewöhnlich die Kirche Christi, den mystischen Leib Christi, mit der römisch-katholischen Kirche gleichzusetzen, und diese Identifizierung wurde häufig als absolut und ausschließlich dargestellt. Darin lag eine verhärtete doktrinelle Haltung, die noch aus dem Kampf gegen jene stammte, die fälschlich die Kirche des Gesetzes von der Kirche der Liebe, die Kirche als Institution von der Kirche der geistlichen Freiheit, schieden.

Seit dem II. Vatikanischen Konzil kann die katholische Haltung unter dem Einfluß der ökumenischen Bewegung und dank einer nuancierteren Auffassung des Mysteriums der Kirche mit den folgenden, Lumen Gentium Nr. 8 entnommenen Worten zusammengefaßt werden: „Diese Kirche (Christi), in dieser Welt als Gesellschaft verfaßt und geordnet, *ist verwirklicht in* der katholischen Kirche, die vom Nachfolger Petri und von den Bischöfen in Gemeinschaft mit ihm geleitet wird.“

Die Einfügung *ist verwirklicht in* vermag die anderen Christen über die Ekklesiologie der Katholiken weitgehend aufzuklären. Wenn die Konzilsväter die ihnen vorgeschlagene Formulierung – nämlich: der mystische Leib ist die katholische Kirche – nicht annahmen, so darum, weil sie der Ansicht waren, daß diese unnuancierte Identifizierung das Mysterium der Kirche nicht zur Gänze zum Ausdruck bringe.

Auch der Grund für diese Abänderung ist erwähnenswert. Der offizielle Bericht lautet: Die Abänderung erfolgte, weil auch in den anderen christlichen Kirchen konstitutive Elemente zu finden sind. Schließlich – und das ist vorwiegend für die anderen Christen von Interesse – werden ihre Kirchen selbst wiederholt als „Kirchen“ oder „Kirchliche Gemeinschaften", in der theologischen Bedeutung dieser Ausdrücke, anerkannt.

Man kann daher mit J. Hoffmann und aufgrund der erwähnten Perspektiven sagen:

„Wir glauben, daß die katholische Kirche die Kirche ist, in der die einzige Kirche Christi voll verwirklicht ist, und daß die eigentliche Wirklichkeit des eucharistischen Mysteriums in ihr in ihrer Fülle gegeben ist. Aber es bleibt nicht minder wahr, daß es – in einer dynamischen Spannung – zwischen der Fülle der Heilsmittel, der wir in der katholischen Kirche teilhaft zu sein glauben, und ihrer konkreten geschichtlichen Verwirklichung eine Spannweite gibt; zwischen der Fülle der eucharistischen Gabe und ihrer Verwirklichung im Glauben und in der Liebe der Gläubigen."[11]

Für die richtige Einsicht unserer christlichen Brüder ist es unerläßlich, daß sie wissen, wie sich die römische Kirche selbst versteht.

Die Gewißheit, mit der von Christus gewollten Kirche in wesentlicher Treue übereinzustimmen, hindert in keiner Weise, die Suche nach den Mitteln zur Wiederherstellung der sichtbaren Einheit mit den anderen christlichen Gemeinschaften fortzusetzen, die wirklich, wenn auch unvollkommen, eingegliedert sind in das, was wir für den Stamm des Baumes halten, „der an Wasserbächen gepflanzt ist, der zur rechten Zeit seine Frucht bringt und dessen Blätter nicht welken" (Psalm 1), aller Schwachheit und allem Elend der Menschen zum Trotz, die der Gabe, die ihnen Gott anvertraut hatte, im Laufe der Geschichte so wenig entsprachen.

Man kann – mit anderen Worten und ohne Bild – den Schluß ziehen: Alle christlichen Kirchen, einschließlich der römisch-katholischen Kirche, leben auf Grund der zahlreichen kirchlichen Güter, die sie bereits gemeinsam besitzen – wie die Taufe, das Evangelium, die Gaben des Geistes usw. – schon jetzt in einer wirklichen, wenngleich unvollkommenen Gemeinschaft. Alle Bestrebungen der Ökumenischen Bewegung zielen darauf hin, diese wirkliche Gemeinschaft immer weniger unvollkommen werden zu lassen, damit alle, sobald die entsprechenden Bedingungen der wesentlichen Einheit des Glaubens und der Verfassung erlangt sein werden, gemeinsam die Wiederherstellung der Einheit feiern und brüderlich in der einen, einzigen Kirche Christi leben mögen.[12]

II.
DIE CHARISMATISCHE STRÖMUNG

Wir haben soeben die Richtung und die Zielsetzung der Ökumenischen Bewegung skizziert. Nun muß die Charismatische Erneuerung in diese Strömung eingebettet werden, die sie überflutet, in der sie jedoch den Beitrag eines Golfstroms im Meer leisten könnte: Wo sie durchzieht, erwärmt sie die Gewässer, beschleunigt den Frühling längs der von ihr beeinflußten Ufer, und erweckt verborgene Kräfte, die bereit sind, sich zu entfalten.

1. Ökumenischer Ursprung der Charismatischen Erneuerung

Die Erneuerung ist aus mehreren Gründen eine Gnade für die Kirche Gottes, ganz besonders aber aus ökumenischen Gründen.

In der Tat fordert die Erneuerung ja schon durch ihren Ursprung zur Annäherung der voneinander entfernten Christen auf, da sie sich ja in betonter Weise auf dem Boden eines gemeinsamen Glaubens an die Wirklichkeit und Macht des Heiligen Geistes ereignet.

Die Erneuerung im Geist ist eine Neubetonung, ein gläubiges Bestehen auf der Rolle und wirkenden Gegenwart des Heiligen Geistes in unserer Mitte. Das ist nichts Neues in der Kirche, vielmehr ein verstärktes Bewußtwerden einer allzuoft verwischten, stillschweigend eingeschlossenen Präsenz. Dieses „Erwachen“ kommt, historisch gesehen, von der klassischen Pfingstbewegung, wie auch von der im allgemeinen so genannten neupfingstlichen Bewegung.

Die Anerkennung der Schuldigkeit den Pfingstlern gegenüber verkennt keineswegs all das, was der für die Rolle des Heiligen Geistes stets so empfindlichen Tradition der Ostkirchen zu verdanken ist: Die ostkirchlichen Konzilsväter betonten dies unaufhörlich im Verlauf des II. Vatikanischen Konzils. Doch soll in unserer Arbeit die Aufmerksamkeit vor allem auf die Strömung der Pfingstbewegung mit der ihr eigenen Charakteristik gelenkt werden.

2. *Ihre verschiedenen Formen*

a) Die klassische Pfingstbewegung

Die gegenwärtige Charismatische Erneuerung geht unmittelbar auf die Pfingstbewegung zurück, die ihren Ausgang in einem Gebetssaal nahm, den der Methodistenpfarrer Charles F. Parham im Jahre 1900 in einem Haus in Topeka (Kansas) einrichtete.

Parham und seine Anhänger, deren berühmtester der farbige Pastor William J. Seymour war, der Begründer der „Azura Street Renewal" in Los Angeles, wollten keineswegs eine neue kirchliche Gemeinschaft gründen. Sie wollten im Gegenteil in ihren jeweiligen Kirchen verwurzelt bleiben, an ihrer spirituellen Erneuerung und dadurch an ihrer Wiederversöhnung arbeiten. Sie wollten dies nicht durch Auseinandersetzungen doktrineller Art erreichen, sondern dadurch, daß sie mithalfen zu einer Öffnung für die gemeinsame Erfahrung des Heiligen Geistes und der von ihm erweckten Charismen.

Freilich kamen viele Anhänger, die von ihren Kirchen, denen sie angehörten, ausgeschlossen wurden und einer weit verbreiteten Feindseligkeit ausgesetzt waren, von der ursprünglichen ökumenischen Ausrichtung ab.

Darüber hinaus führten Zwistigkeiten über gewisse Punkte der Lehre sowie rassische oder persönliche Konflikte dazu, daß sie sich selbst in eine beträchtliche Anzahl von Sekten und Gruppen aufsplitterten.

b) Die neupfingstliche Bewegung

Mit dem Namen neupfingstliche Bewegung wird gegenwärtig im allgemeinen die pfingstliche Erneuerung bezeichnet, wie sie sich in den traditionellen christlichen Bekenntnissen außerhalb des Katholizismus entwickelte. Ihre Geschichte ist vielfältig und verlief nicht völlig geradlinig, denn die Auseinandersetzungen waren – und sind es mitunter noch heute – recht lebhaft.

Freilich zeigte sich die Erneuerung nicht überall gleichzeitig. Es bedurfte mehr als eines halben Jahrhunderts, bis diese geistliche Erneuerung, ausgehend von den Erfahrungen der kleinen Gemeinde um Charles Parham, die „historischen" Kirchen erreichte: die Episkopalkirche (in Kalifornien, seit 1958), die Lutherische Kirche (USA, 1962), die Presbyterianische Kirche (1962) und schließlich (1967) die römisch-katholische Kirche sowie einige orthodoxe Gemeinschaften. Hier handelt es sich um eine ökumenische Tatsache, deren Bedeutung und Neuheit wir erst zu ermessen beginnen.

Man muß in der Tat erkennen, daß ein Großteil der früheren Erneuerungen, dieser geistlichen „Erweckungen", die seit der Reformation auftraten, in ihren ökumenischen Möglichkeiten durch exklusive Haltungen oder konfessionelle Ausschließlichkeit eingeschränkt und so voneinander isoliert waren. Ihre Kraft war gering, wenn sie sich nicht zu aggressiven Übertreibungen hinreißen ließen. Man denke an die katholische Gegenreformation des 16. und 17. Jahrhunderts, an den lutherischen Pietismus, an die Quäkerbewegung oder den Methodismus.

Die Erneuerung aus dem Heiligen Geist, deren Zeugen wir heute sind, stellt sich als spirituelle Erscheinung dar, die in den meisten christlichen Kirchen und kirchlichen Gemeinschaften im wesentlichen ähnlich ist. Es handelt sich um ein spirituelles Geschehen, durch welches die Christen einander nähergebracht werden.

c) *Die katholische Erneuerung im Lichte des II. Vatikanischen Konzils*

Es ist überraschend, das Dekret *Unitatis Redintegratio* im Lichte der Geisterneuerung nochmals zu lesen. Die Entstehung und Entwicklung der Ökumenischen Bewegung in den einzelnen christlichen Bekenntnissen wird ausdrücklich der „Einwirkung der Gnade des Heiligen Geistes" zugeschrieben (1 und 4).

Es ruft andererseits die Katholiken dazu auf, daß sie „die wahrhaft christlichen Güter aus dem gemeinsamen Erbe mit Freude anerkennen und hochschätzen, die sich bei den von uns getrennten Brüdern finden"; es fordert sie auf, „nicht (zu) übergehen, daß alles, was von der Gnade des Heiligen Geistes in den Herzen der getrennten Brüder gewirkt wird, auch zu unserer eigenen Auferbauung beitragen kann" (Nr. 4).

Schließlich verpflichtet das Dekret in seinem Abschluß die Katholiken, mit einer Offenheit, die man wohl als prophetisch bezeichnen darf, für weitere Anrufe des Heiligen Geistes bereit zu bleiben: „Das Heilige Konzil wünscht dringend, daß alles, was die Söhne der katholischen Kirche ins Werk setzen, in Verbindung mit den Unternehmungen der getrennten Brüder fortschreitet, ohne den Wegen der Vorsehung irgendein Hindernis in den Weg zu legen und ohne den künftigen Anregungen des Heiligen Geistes vorzugreifen" (U. R., Nr. 24).

Zahlreichen Christen, die die Charismatische Erneuerung erfahren, erscheint diese heute als weitere Erfüllung einer solch kühnen ökumenischen Hoffnung des Konzils. Man darf annehmen, daß die Erneuerung zu jenen künftigen Anregungen des Heiligen Geistes gehört, die das Konzil unklar vorhersah. Die Geschichte der Kirche besteht aus solchen Antrieben und Unternehmungen des Heiligen Geistes, die die Kirche periodisch neu beleben. Die Erneuerung ist Teil des weiterhin fließenden Gnadenstroms, der das II. Vatikanische Konzil ist und bleibt.

3. Charakter und ökumenische Bedeutung der Erneuerung

Wie es das Dokument feststellte, das im Anschluß an das internationale Theologengespräch von Mecheln im Mai 1974 veröffentlicht wurde, „ist es offenkundig, daß die Charismatische Erneuerung ihrer Natur selbst nach ökumenisch ist".

Im Jahr darauf, im Dezember 1975, forderte eine interkonfessionelle Gruppe von Teilnehmern an der 5. Vollversammlung des Weltrates der Kirchen in Nairobi diese auf, die Charismatische Erneuerung als „bedeutenden Vorposten des Ökumenismus in unserer Zeit" anzusehen.

Diese Erklärung knüpft übrigens an die Ansprache an, die in Rom anläßlich des Pfingstfestes desselben Jahres 1975 von Kardinal J. Willebrands beim Internationalen Kongreß für Katholische Charismatische Erneuerung gehalten wurde, wo Willebrands sich wie folgt ausdrückte: „In meiner Eigenschaft als Vorsitzender des Sekretariats für die Förderung der Einheit der Christen fragen Sie mich, wie ich die ökumenische Bedeutung der Charismatischen Erneuerung einschätze? Für mich unterliegt ihre ökumenische Bedeutung keinem Zweifel. Die Charismatische Erneuerung ist aus dem Volk Gottes entstanden und in ihm herangewachsen . . . sie betrachtet sich als Bewegung des Heiligen Geistes, als Anruf zum geistlichen Ökumenismus. In allen ökumenischen Tätigkeitsbereichen – Kontakte, Dialoge, Zusammenarbeit – bedürfen wir der spirituellen Quelle, der inneren Umkehr, der Lebensheiligung, des öffentlichen und privaten Gebets, um die Einheit der Christen zu erlangen."

Vom 5. bis 8. September 1977 wurde dann unter dem Patronat des Weltrates der Kirchen in Rostrevor (Nordirland) eine Beratung darüber abgehalten, wie ein weiterer Dialog mit jenen zahlreichen Gruppen geführt werden soll, die sich innerhalb oder außerhalb der Kirchen auf die Geisterneuerung berufen.

Die eindrucksvollste ökumenische Kundgebung unserer Zeit schließlich ist Christen zu verdanken, die sich von dieser Erneuerung erfassen ließen: Das Treffen von Kansas City in den Vereinigten Staaten im Juli 1977. Ungefähr 50.000 Christen – darunter fast die Hälfte Katholiken – kamen zusammen, in gesonderten Sektionen während des Tages, in gemeinsamen Sitzungen am Abend, und brachten die Sehnsucht nach der Einheit in bewegender Weise zum Ausdruck.

Dort sah man vereint in Brüderlichkeit und Gebet: Katholiken, Baptisten, Angehörige der Episkopalkirche, Lutheraner, Mennoniten, Angehörige der Pfingstkirchen, Presbyterianer, Vereinte Methodisten, messianische Juden sowie eine nichtkonfessionelle protestantische Gruppe. Wenn man die Geschichte der gespannten Beziehungen unter den christlichen Konfessionen in den USA kennt, dann ist dieser Kongreß ein Meilenstein, ein „Unmögliches, das überwunden wurde".[1]

Freilich, es war noch keine volle Einigung, und die schwebenden Probleme waren noch nicht von vorn angepackt worden, aber ein neues Klima zeigte dort eine innige Hoffnung auf Wiedervereinigung im Volke Gottes. Aus diesem Grund stellt Kansas City ein wichtiges Merkzeichen auf dem Weg zur Einheit dar.

Wir haben jetzt noch die ökumenische Tragweite der Erneuerungsbewegung eingehender zu untersuchen.

III.
AM ZUSAMMENFLUSS BEIDER: DIE GEMEINSCHAFT IM HEILIGEN GEIST

Die Charismatische Erneuerung ist eine auserlesene ökumenische Gnade, weil sie jenen Christen, die einander fremd sind, aber in demselben lebendigen Glauben an den Heiligen Geist Gemeinschaft haben, einen Boden der Begegnung anbietet.

Diese ökumenische Übereinstimmung ist übrigens kein Monopol der Charismatischen Erneuerung. Eine Agenturmeldung teilte kürzlich unter dem Titel „Gespräche zwischen Methodisten und Katholiken“ mit, „die von der katholischen Kirche und dem Methodistischen Weltrat eingesetzte gemischte Kommission“ habe als Dialogthema für das Jahr 1978 die Rolle des Heiligen Geistes im christlichen Leben, die „Grundlage der möglichen Einheit und des gemeinsamen Zeugnisses für Jesus Christus“, gewählt.

Es ist übrigens bekannt, daß das „Sekretariat für die Förderung der Einheit der Christen“ im Namen des Heiligen Stuhls seit mehreren Jahren einen Dialog mit den Pfingstkirchen führt.

Es erscheint uns wichtig, gewisse bedeutsamere Aspekte dieser Übereinstimmung hervorzuheben, die sich sowohl hinsichtlich der Rolle als auch der Stellung des Heiligen Geistes im Leben der Kirche ergibt.

1. Der Heilige Geist, das Leben der Kirche

Wie uns das erste „Dokument von Mecheln“ in Erinnerung ruft, hatte eine gewisse abendländische Theologie die „Tendenz, das Gefüge der Kirche mit ‚christologischen‘ Kategorien zu begründen und den Heiligen Geist nicht als denjenigen anzusehen, der dieses zuvor errichtete Gefüge beseelt und belebt“[1].

In Wirklichkeit, so bemerkt dieses Dokument, läßt diese Auffassung einen wesentlichen Aspekt der christlichen Heilsökonomie außer acht:

„Jesus wurde ja nicht zuerst als Sohn Gottes eingesetzt und erst dann vom Geist beseelt, um seine Sendung zu erfüllen, noch wurde er mit seiner Messianität ausgerüstet und erst dann vom Geist für sein Amt befähigt. In ähnlicher Weise sind es Christus und der Heilige Geist, die beide die Kirche hervorbringen. Diese ist die Frucht einer zweifachen Sendung: derjenigen Christi und derjenigen des Geistes."

Es genügt daher nicht, die Kirche einfach nur als ,,fortlebenden Sohn Gottes" zu verstehen, wie es eine gewisse vorkonziliare Theologie oft tat. Zu Recht wurde diese Bezeichnung der Kirche von einigen protestantischen Theologen kritisiert. Sie hatten dagegen insbesondere einzuwenden, daß Christus zu leicht mit der Kirche verwechselt und somit deren menschlichen und nebensächlichen Elementen eine Art göttlicher Weihe zugeschrieben werde.

Das II. Vatikanische Konzil trug diesen Einwendungen Rechnung. Es entwickelte seine ekklesiologische Unterweisung aus einer *trinitarischen Sicht.* So formuliert das *Dekret über den Ökumenismus* in Art. 2, bezüglich der Einheit der Kirche: ,,Höchstes Vorbild und Urbild dieses Geheimnisses ist die Einheit des einen Gottes, des Vaters und des Sohnes im Heiligen Geist in der Dreiheit der Personen."

Aus dieser trinitarischen Sicht schlug H. Mühlen vor, die Kirche als *Gemeinschaft* anzusehen, *die durch den Geist mit Christus und dem Vater versammelt und vereint ist,* und deren substantielles Band der Heilige Geist selbst ist: ,,In diesem Sinne ist dann der Geist Christi in der Heilsökonomie die Wir-Relation selbst zwischen den vielen, zur ‚Braut' geeinten Personen und Christus als dem ‚Bräutigam'." (H. Mühlen, Una mystica persona. Die Kirche als das Mysterium der Identität des Heiligen Geistes in Christus und den Christen: Eine Person in vielen Personen)[2].

Konkret erscheint die Kirche somit als eine *Ausweitung der Salbung Christi auf die Gemeinschaft der Erlösten,* das heißt, der Einwirkung des Heiligen Geistes auf Christi Menschheit. Dieser Begriff der Kirche wurde vom II. Vatikanischen Konzil formell angenommen. Seine deutlichste Formulierung findet er im ersten Kapitel des Dekrets *Presbyterorum Ordinis* über Dienst und Leben der Priester, Nr. 2: ,,Jesus der Herr, den der Vater geheiligt und in die Welt gesandt hat, gibt seinem ganzen mystischen Leib Anteil an der Geistsalbung, mit der er selbst gesalbt worden ist."

Diese Hervorhebung der Rolle des Heiligen Geistes kann den ökumenischen Dialog sowohl mit unseren orthodoxen als auch mit unseren protestantischen Brüdern nur fördern. Sie bedeutet eine Aufforderung, die Existenz und die Zukunft der Kirche in einem viel radikaleren Abhängigkeitsverhältnis von Gott zu sehen und sie regt uns an, uns innig zu einigen.

Einst, so erkannte P. Congar, wurde die Kirche oft als etwas Fertiges dargestellt, in der alles so perfekt vorgesehen, so wohlbestellt war, daß ihr Räderwerk ganz von allein ging und auf einen wirklichen und wirksamen Eingriff Gottes hätte verzichten können. Jesus hatte ein für allemal die Hierarchie und die Sakramente eingesetzt: das genügte.

Wir haben besser begriffen, daß es Gott selbst in Jesus Christus ist, der durch den Heiligen Geist ohne Unterlaß jene Handlungen erweckt, durch die sich die Kirche auferbaut, die sein Werk ist und die Strukturen trägt.

> „Es ist Gott, der ruft (Röm 1, 6);
> Es ist Gott, der die Dienstgnaden verteilt (1 Kor 12, 4–11);
> Es ist Gott, der wachsen läßt (1 Kor 3, 6);
> Von Christus empfängt der ganze Leib Eintracht und Zusammenhalt (Eph 4, 16);
> Es ist Gott, der die einen als Apostel, die anderen als Propheten und Lehrer einsetzt (1 Kor 12, 28)."

Die Beachtung, die der Aktualität des Heiligen Geistes geschenkt wird, stellt eine ständige Warnung vor einem Triumphalismus oder einem Klerikalismus dar, der versucht wäre, eine Kirche allzu eng mit dem Reich Gottes gleichzusetzen, dessen Sakrament, aber nicht zugleich auch volle Verwirklichung sie ist. Sie ermöglicht auch eine bessere Erklärung der Zeiten geistlicher Sterilität in der Kirche im Verlauf ihrer Geschichte. Diese Ekklesiologie wird heute, dank einem erneuerten Bewußtwerden der lebenswichtig notwendigen Bereitschaft für den Heiligen Geist, in der Charismatischen Erneuerung und anderswo konkret gelebt. Eine Gebetsversammlung ist, im ganzen genommen, eine „praktische Übung" dieser Bereitschaft.

Dieses lebendigere Bewußtsein hinsichtlich des Heiligen Geistes, das wir heute in der Kirche erwachen sehen, ist zweifellos für eine echte ökumenische Gesinnung wesentlich, die eine tiefwurzelnde Bereitschaft für den Geist Gottes und für den Gesprächspartner voraussetzt. So drückte es auch Papst Paul VI. in seiner Ansprache an die Mitglieder des Sekretariats zur Förderung der Einheit der Christen am 28. April 1967 aus: „Wenn es eine Sache gibt, bei der sich unsere Wirksamkeit als machtlos erweist, irgendwelche guten Resultate zu erzielen, und sich wesentlich von dem geheimnisvollen und machtvollen Wirken des Heiligen Geistes abhängig zeigt, dann ist es wohl der Ökumenismus."

In einem seiner letzten Werke fordert P. Congar, dieser Vorkämpfer für den Ökumenismus, die Christen auf, sich „für die Auffassung der

Kirche als *Gemeinschaft* und, noch radikaler, für eine Wiederfindung der Pneumatologie" einzusetzen, und darum, so bemerkt er, können wir aus der Berührung mit den Christen der Ostkirchen und aus der Lektüre ihrer Schriften Nutzen ziehen. Und er fährt fort: „Ein Christentum der Gemeinschaft, ein dynamischerer Begriff von Einheit, die unentwegt zu geschehen hat, schließlich das Bewußtsein der Unzulänglichkeit der erworbenen Formen im Hinblick auf die Reinheit, Tiefe und Fülle, zu der wir *berufen* sind (der Heilige Geist treibt unablässig voran und ruft hinüber!), würden es zulassen, einen Pluralismus anzunehmen, ja selbst die oft so fortschrittsverheißenden Bitten so vieler Christen, die gegenwärtig in dem fertigen Gefüge nicht mehr genügend Sauerstoff finden."[3]

Mögen wir alle, die wir die Gnade der Erneuerung erleben, durch ein immer kühneres Vertrauen zum Heiligen Geist, der die Kirche auferbaut, und durch eine immer wachsamere Erkenntnis seiner Wege und Anrufe dazu beitragen.

2. Der Heilige Geist als persönliche Lebenserfahrung

Über unsere christlichen Ursprünge schrieb der reformierte Theologe Eduard Schweitzer folgende, zur ökumenischen Betrachtung einladenden Worte: „Lange, bevor der Heilige Geist ein Artikel des Glaubensbekenntnisses wurde, war er eine in der Erfahrung der Urkirche erlebte Realität."

Jede Seite der Apostelgeschichte bezeugt in der Tat seine Anwesenheit, seinen Antrieb, seine Macht. Er lenkte die Gläubigen Tag für Tag, so wie die leuchtende Wolke das auserwählte Volk durch die Wüste geführt hatte. Auf jeder Seite ist seine Gegenwart wie ein Wasserzeichen bemerkbar.

Diese „Geisterfahrung" hat für alle Christen eine zeitgemäße ökumenische Bedeutung. Wir müssen die Apostelgeschichte – gemeinsam – neu lesen, nicht, um eine idyllische Kirche zu finden, die es nie gab, auch nicht um der frühkirchlichen Ursprünglichkeit willen – der Heilige Geist bleibt nicht auf das Vergangene begrenzt –, sondern, damit wir uns gemeinsam in den Glauben der ersten Christen versenken, für die der Heilige Geist eine ursprüngliche und persönliche Erfahrung war. Man konnte sehen (und hören), wenn jemand den Heiligen Geist empfangen hatte, und der heilige Paulus wunderte sich in Ephesus, seine Spuren nicht wahrzunehmen (Apg 19, 2 ff).

Wenn wir uns da hineinversetzen, ohne irgendeine Begriffsbildung oder systematische Formulierung vorzunehmen, so unumgänglich notwendig sie zur gegebenen Zeit auch sein werden, dann stehen wir gleichsam wieder auf heimatlichem, ungeteiltem und unberührtem Boden, auf dem es leichter fallen wird, den Sinn der christlichen Brüderlichkeit und der Gemeinschaft wiederzufinden, deren Seele der Heilige Geist ist.

Das, was bei der Begegnung mit „charismatischen" Christen verschiedener Konfessionen sogleich beeindruckt, ist das Zeugnis, das sie von ihrer persönlichen Begegnung mit Christus weitergeben, von ihm, der durch den Heiligen Geist der Herr und Meister ihres Lebens wurde.

Sie legen Zeugnis ab, aus einer Gnade der inneren Erneuerung, aus einer persönlichen Erfahrung heraus, die sie als „Geisttaufe" bezeichnen. Diese Erfahrung ließ sie eines Tages unversehens oder mit verstärkter Intensität die stets wirksame Macht des Geistes und das Fortleben seiner Kundgebungen entdecken.

Dabei handelt es sich im allgemeinen nicht um eine Bekehrung wie beim heiligen Paulus, ja nicht einmal um ein aufsehenerregendes Erlebnis, sondern um eine Einwirkung des Heiligen Geistes, die in ihrem Leben einschneidend erfahren wird.

Christen der verschiedenen kirchlichen Gemeinschaften bestätigen, daß sie eine Gnade der Wiederverchristlichung erlebten – und weiterhin erleben. Katholiken und Christen der Traditionskirchen bezeugen ein neues Bewußtwerden dessen, was die Sakramente der Einführung in das Christentum (Taufe, [Firmung], Eucharistie) schon als Keim in sie eingesenkt hatten, aber jetzt erst ihr volles Bewußtsein ausfüllt.

Der Herr ist in sich selbst, in seinem Wort, in seinen Brüdern lebendig geworden, werden sie sagen. Ihr erneuerter Glaube wird in der Freude und der Gnadenwirkung in ihrem ganzen Sein, ihrem Empfinden und ihrer Spontaneität zum Ausdruck kommen. Es handelt sich – mit einem Wort – um eine Wiedergeburt, die von einer charakteristischen spirituellen Erfahrung ausgeht.

Denn um eine Erfahrung handelt es sich. Wir sagten an anderer Stelle, wie und warum Erfahrung und Glaube keine einander ausschließenden Begriffe sind und daß deren Übereinstimmung in einer aufmerksamen Lektüre des Evangeliums aufleuchtet[4]. Deren Gesetzmäßigkeiten und Verbürgungen sind hier nicht zu analysieren. Für unseren Zweck genügt die Feststellung, daß wir hier auf einem Boden stehen, auf dem die Christen der verschiedenen Traditionen einander begegnen und eine gemeinsame Grundlage finden können. Das ist wichtig, um einen Dialog in Gang zu setzen.

3. Der Heilige Geist in seinen Kundgebungen

A. Mannigfaltigkeit und Komplementarität der Charismen

1. Das formenreiche Bild der kirchlichen Gemeinschaft bei Paulus

Eines der wichtigsten Hindernisse für den Fortschritt des ökumenischen Wirkens ist die Tendenz, sich in eine abstrakte, monolithische Kirchensicht zu verschließen. So wie die Erneuerung zu einer offenherzigeren Öffnung für die Gaben des Geistes anregt, so erweckt sie auch eine richtigere Auffassung der kirchlichen Gemeinschaft und der Teilnahme aller an ihrem Aufbau.

Auf diese Weise ermöglicht sie es, leichter zu einer Sicht der Kirche zu gelangen, die eine Vielfalt der Ämter in sich schließt, so wie sie der heilige Paulus darstellt: „Jedem aber wird die Offenbarung des Geistes verliehen zum allgemeinen Nutzen" (1 Kor 12, 7).

Über das Wesen und die Mannigfaltigkeit der Charismen hat uns der heilige Paulus Entscheidendes hinterlassen.

Der Apostel beschreibt den breiten Fächer der vom Geist ausgeteilten spirituellen Gaben: die Gaben der Lehre und der Unterscheidung der Geister; die Gaben des Apostolats und der Leitung; die Prophetengaben und die Heilungsgaben. Kurz, die Skala der Charismen ist beachtlich. Die einen berühren mehr die „strukturellen" Ämter der Kirche, die anderen werden unter den Gläubigen in der Gemeinde erweckt.

Übrigens nimmt der heilige Paulus alle Charismen an, selbst die erstaunlichsten und außergewöhnlichsten: Alles, was vom Geist ausgeht, ist von Nutzen für die Glaubensintensität der Kirche. Aber der Apostel stellt auch fest, daß sich in die außergewöhnlichen Phänomene weniger günstige menschliche Elemente einschleichen und das Wehen des Geistes hindern können. Daher die Regeln zur Unterscheidung der Geister, die er zum Gebrauch der jungen Kirche von Korinth aufstellt. Und seine Art zu sprechen zeigt ihn als einen, der weiß, daß er Autorität besitzt und der sehr wohl damit rechnet, gehört zu werden.

Endlich unterscheidet der Apostel bei den Charismen solche, die gut, und solche, die besser sind. Die Korinther besaßen insbesondere die Prophetengabe und das Sprachengebet. Der heilige Paulus verwirft diese Gaben nicht: Er gibt Ratschläge, damit sich diejenigen, die diese Gaben besitzen, als wahrhafte „Menschen im Geist" verhalten. Aber er betont sehr deutlich, daß hinter allem die Agape aufleuchten muß. Ohne sie bedeuten die Charismen nur wenig. Die tätige, wirkende Liebe, wie er sie in 1 Kor 12, 31 beschreibt, ist „die höhere Gnadengabe", der Weg, der „noch darüber hinausführt".

So sieht auch die Perspektive aus, aus der jeder Christ berufen ist, seine Gnadengaben zu verstehen und abzuwägen.

2. Die Gegenwartsbezogenheit der Charismen

Gegenwärtig können viele von der Gnade der Erneuerung berührte Christen feststellen oder erfahrungsmäßig entdecken, daß das Wirken des Geistes in einer Gemeinschaft auch das Aufblühen verschiedener Charismen bewirkt. Seine die Kirche auferbauende Gnade wirkt durch *Personen* hindurch, in denen in besonderer und bevorzugter Weise dieser oder jener Aspekt der ganzen Fülle kirchlichen Lebens zum Ausdruck kommt.

Diese Personalisierung der Gaben Gottes und besonders der Ämter ereignet sich wahrhaft in der Erfahrung der Gebetsgruppen, gemäß der Theologie des Epheserbriefes:

„*Er . . . gab den Menschen Geschenke* . . . die einen ‚*gab*' (er) als Apostel, andere als Propheten, andere als Evangelisten, andere als Hirten und Lehrer, um die Heiligen heranzubilden, zur Ausführung ihres Dienstes, zum Aufbau des Leibes Christi" (Eph 4, 8. 11–12).

3. Ökumenische Auswirkungen

Diese Erkenntnis der Mannigfaltigkeit und Komplementarität der Charismen ist von großer ökumenischer Bedeutung. Sie führt nicht nur in die Richtung der Überwindung gewisser Polemiken, sondern sie begünstigt ihrer Natur nach die gegenseitige Erschließung der christlichen Bekenntnisse.

Die Spaltungen hatten bei allen Kirchen eine gewisse Einseitigkeit zur Folge, sodaß manche Gaben des Geistes stärker betont wurden. Heute stellt die Geisterneuerung eine Aufforderung dar, diese einseitigen, aus der Geschichte geerbten Überbewertungen zu überwinden, um zu einer besseren Einsicht in das Wesen des anderen zu gelangen.

Damit drückt jede Kirche auch allen ihren Maßnahmen den Stempel des jeweiligen Charakters ihrer christlichen Tradition auf, die sie repräsentiert und die aus ihr eine bestimmte Konfession macht. In der Tat strebt der Ökumenismus nicht danach, eine wohldosierte, homogenisierte Mischung aller christlichen Traditionen zu schaffen, sondern sein Augenmerk gilt der Wiederherstellung der pluriformen Einheit der Schwesterkirchen, die ihre je eigene Erscheinungsform besitzen, ohne die wesentliche und notwendige, vom Herrn gewollte und im apostolischen Zeitalter festgelegte Einheit zu berühren.

„Alle in der Kirche sollen unter Wahrung der Einheit im Notwendigen je nach der Aufgabe eines jeden in den verschiedenen Formen des geistlichen Lebens und der äußeren Lebensgestaltung, in der Verschiedenheit der liturgischen Riten sowie der theologischen Ausarbeitung der Offenbarungswahrheit die gebührende Freiheit walten lassen, in allem aber die Liebe üben", erklärt das Dekret über den Ökumenismus (Nr. 4).

B. Charisma und Institution

Was die Einordnung der Geisterneuerung in das Leben der Kirche betrifft, so wäre es unwillkommen und überdies unrichtig, wollte man Charisma und Institution zueinander in Gegensatz stellen: Die wesentlichen Dienstämter und Strukturen der kirchlichen Gemeinschaft sind ebensosehr Gaben des Heiligen Geistes wie die Prophetengabe oder das Sprachengebet.

Das Institutionelle in der Kirche ist als Gefüge der Gemeinschaft seinem Wesen nach charismatisch. Es ist ein Geschenk Gottes, ein Sakrament der Vereinigung mit Gott. Die Rolle der Gemeinschaft als Stätte, auf der und durch die man dem Heiligen Geist begegnet, darf nicht verkannt werden, sagt der heilige Johannes in seinem ersten Brief: „... was wir gesehen und gehört haben, das verkünden wir auch euch, damit auch ihr Gemeinschaft *mit uns* habt. Wir haben aber Gemeinschaft mit dem Vater und mit seinem Sohn Jesus Christus" (1 Jo, 1, 3).

Zum Verständnis der Stellung der verschiedenen Gaben in der Kirche sollte man sich am besten an den vom heiligen Paulus vorgelegten Vergleich halten: Wie der Leib eine Einheit ist, doch viele Glieder hat, sagt er, und nach dem Willen Gottes verschiedene Organe, so hat auch jedes seine Rolle, seine Funktion, seine Notwendigkeit. Jedes ist allen anderen zum Nutzen, und alle jedem einzelnen: „damit im Leib kein Zwiespalt entsteht, sondern alle Glieder einträchtig füreinander sorgen" (1 Kor 12, 12. 25).

So leistet im Leib jedes Organ zum Wohl des Ganzen seinen eigenen nützlichen Beitrag, obwohl jedes Organ auch die Möglichkeit eines Mangels oder einer spezifischen Krankheit in sich birgt.

Ebenso, könnten wir sagen, ist jede Gnadengabe, jedes Dienstamt, jede kirchliche Funktion das Instrument eines ihm (ihr) je eigenen spirituellen Gehaltes, aber jede ist auch ein ständiges Risiko spezifischer Mängel und Lücken.

Die charismatischen Erscheinungsformen sind für die kirchliche Gemeinschaft ein wirkliches Ferment der Lebenskraft, der Freiheit, des Lobpreises, der Zeugenschaft, des Verzichts. So können sie den Gefahren entgegentreten, die die Strukturelemente der Kirche bedrohen, wie Erstarrung, Formalismus, Mittelmäßigkeit, Bürokratie, Routine, Flucht vor der Verantwortung für Neuerungen und den entsprechenden Entscheidungen.

Aber andererseits bergen die charismatischen Erscheinungen auch ihre Gefahren: Gärung, Schwärmerei, übertriebener Supranaturalismus; Gefahren, denen die Strukturelemente der Kirche die Stütze ihrer Festigkeit, ihrer Objektivität, ihrer Weisheit anbieten können.

Für die „Gesundheit" des Ganzen, für die Lebenskraft der kirchlichen Gemeinschaft, muß es zu wechselseitiger Ergänzung und Teilhabe, zu einer wirklichen Osmose kommen.

Auf diese Weise werden bezüglich eines jeden Charisma und Dienstamtes die förderlichen Wirkungen gewahrt und die Abweichungen neutralisiert.

C. Gelebte Interaktion zwischen Charisma und Institution

Es ist bekannt: Die Spannung zwischen Erlebnis und Institution, zwischen dem Charismatischen und dem Strukturellen, steht im Mittelpunkt der ökumenischen Auseinandersetzungen. Sie zeigt sich übrigens heute innerhalb aller Konfessionen.

Ist diese Spannung in einer Hinsicht, besonders zu gewissen Krisenzeiten, auch unvermeidbar, wie die Geschichte der Kirche in zahlreichen Beispielen zeigt, so muß sie nichtsdestoweniger in ein tieferes und einigenderes Verständnis des sakramentalen Mysteriums der Kirche einmünden.

Auf dieses Begreifen hin bewegt sich auf der Ebene der *gelebten Erfahrung* die Gnade der Geisterneuerung. Eben dadurch, daß sie die Christen aller Bekenntnisse zu einer größeren Bereitschaft für die Charismen auffordert, führt sie sie dazu, die häufig stark empfundenen, letztlich aber trügerischen Antinomien zwischen Charisma und Institution, Treue und Kreativität, Freiheit und Gehorsam, zu überwinden. Sie hilft ihnen, zu erfassen, daß das Dynamische des Geistes nicht im Gegensatz zum Inkarnierten und Historischen steht, daß der Heilige Geist vielmehr im Hinblick auf die Offenbarung des Leibes Christi (vgl. 1 Kor 12, 1–12; Eph 4, 4–13), seines kirchlichen Leibes sowohl wie seines „eigentlichen Leibes" in der Menschwerdung, geschenkt wird.

Diese charismatische Grundlage des Institutionellen belebt aber nicht nur dessen „spirituelle" Bedeutung, seine Funktion als geschichtliche Erscheinung des Leibes Christi; es stellt auch wieder all das in Frage und legt es einer Überprüfung nahe, was am Institutionellen der Freiheit der Herrlichkeit der Kinder Gottes hinderlich sein kann (vgl. Röm 8, 21). Hierin liegt eine weitere kirchliche und folglich ökumenische Implikation der Geisterneuerung, die es herauszuarbeiten gilt.

Diese Symbiose Charisma–Institution wurde von einem orthodoxen Theologen, dem Metropoliten Ignatios von Latakia, bei der III. Vollversammlung des Weltrats der Kirchen in Uppsala (3. bis 19. Juli 1968), wunderbar zum Ausdruck gebracht:

> „Ohne den Heiligen Geist", sagte er, „ist Gott fern,
> bleibt Christus in der Vergangenheit,
> ist das Evangelium ein toter Buchstabe,
> die Kirche eine bloße Organisation,
> die Autorität nur Herrschaft,
> die Mission eine Propaganda,
> der Kult eine Beschwörung
> und das christliche Handeln eine Sklavenmoral.
> Mit ihm aber: wird der Kosmos emporgerissen und stöhnt beim Gebären des Gottesreichs,
> ist der auferstandene Christus da,
> ist das Evangelium Kraft des Lebens,
> bedeutet die Kirche die Gemeinschaft der Dreifaltigkeit,
> ist die Autorität befreiender Dienst,
> ist die Mission ein Pfingsten,
> ist die Liturgie Gedenken und Vorwegnahme,
> wird das menschliche Tun geheiligt."

IV. VORAUSSETZUNGEN EINES ECHTEN ÖKUMENISMUS

Damit die Charismatische Erneuerung ihrer ökumenischen Berufung entsprechen kann, muß eine Reihe doktrineller und spiritueller Erfordernisse beachtet und manche Klippe vermieden werden.

Wir wollen sie nun der Reihe nach untersuchen, wobei mit den positiven Forderungen begonnen werden soll.

1. Einschluß in das kirchliche Mysterium

Die erste Pflicht eines Christen, dem die Anforderungen seines katholischen Glaubens am Herzen liegen, ist, das Mysterium der Kirche zu erkennen und sich ihm einzufügen.

Die Charismatische Erneuerung würde ihre Daseinsberechtigung verlieren, wollte sie sich, anstatt sich dem Herzen der Kirche einzugliedern, als Auswuchs am Rande entwickeln und zu einer Parallelkirche oder zu einer Kirche innerhalb der Kirche werden. Wir sagten es schon: Die Kirche erscheint allzuvielen Gläubigen als soziologische Gegebenheit, als administratives Gefüge. Sie betrachten und beurteilen sie äußerlich, von ihrem äußeren und menschlichen Aspekt her, der schicksalhaft in Zeit und Raum samt all seinen Begrenzungen liegt.

Aber die Kirche unseres Glaubens – und unserer Hoffnung und kindlichen Liebe – liegt jenseits dieser bruchstückhaften Sicht: Sie ist eine mystische Realität, sie ist nicht weniger als der mystische Leib Christi. Sie ist die Gegenwart des Herrn Jesus, der ihr treu bleibt und der sie durch seinen Geist beseelt, um sie zu erleuchten, zu heiligen, zu einen. Diese Kirche ist es, die uns in ihrem Schoße trägt, die uns zum christlichen Leben erweckt und uns zum Vollalter Christi heranreifen läßt.

Solange man nicht das Mysterium Kirche selbst im Glauben annimmt, solange bleibt man auf dem Niveau der Geschichte anstatt auf dem des Dogmas und des Credos, welches verkündet: ,,Die eine, heilige, katholische und apostolische Kirche.“ Diese Kirche ist wesensgleich mit der Urkirche, mit jener, die am Pfingsttag im Obergemach versammelt war!

Die Kirche ist nicht etwa eine Art Föderation christlicher Gemeinschaften. Sie ist nicht die Vereinigung jener, die sich – persönlich oder in der Gemeinschaft – auf Christus berufen und der Evangelisierung und dem Dienst an den Menchen weihen.

Die Kirche hat eine Existenz, einen Bestand, der dem bewußten Anhängen der Gläubigen an Jesus Christus und an die bestimmte Gemeinschaft, der sie angehören, voran- und darüber hinausgeht. Sie ist *zugleich* die Gemeinschaft, die wir zusammen bilden – „Die Kirche sind wir!" – und der Schoß, der uns trägt, die mütterliche Gemeinschaft, die uns in Christus und durch den Heiligen Geist zum Leben Gottes gebiert. In diesem Sinne sagen wir: „Schau nicht auf unsere Sünden, sondern auf den Glauben deiner Kirche . . ."

Wie das II. Vatikanische Konzil lehrte, ist die Kirche das „allumfassende Heilssakrament". Meiner Ansicht nach ist das die folgenreichste Definition.

Die Annahme dieser Lehre des II. Vatikanischen Konzils bedeutet, vor allem das *Sein* der Kirche zu betrachten, und nicht unser Wirken in ihr. Sie hat zur Folge, in der Liturgie, in der Sprache des Glaubens und in der daraus entstandenen theologischen Auseinandersetzung, in erster Linie das Bekenntnis und die Feier des „Mysteriums" der Kirche und erst dann, notwendig aber sekundär, unsere Teilnahme an der Sendung der Kirche in der Menschheitsgeschichte.

So schreibt auch P. Dulles mit Bezug auf den nordamerikanischen Kontext (S. 25): „In den dreißiger Jahren erfuhren die Protestantischen Kirchen, nachdem sie sich einige Jahre von den Übertreibungen des ‚sozialen Evangeliums' hatten ablenken lassen, eine Periode spirituellen Niedergangs. Damals erhob sich der Ruf: ‚Laßt die Kirche wieder Kirche sein!' Dieser Ruf wurde beachtet, und die Kirchen begannen sich wieder mit Glaube und Kult zu befassen. Es folgte eine starke Erneuerung, die während der vierziger und fünfziger Jahre andauerte.

Seit den sechziger Jahren macht der Katholizismus eine ähnliche Krise durch. Die Säkularisierungstheologie hatte sich in die Lehre und Tradition der Kirche eingefressen. Gegenwärtig verlangen viele, wenn ich nicht irre, daß die Katholische Kirche wieder Kirche sein möge. Sie wollen, daß die Kirche den Sinn von Anbetung, Danksagung, Lobpreis und Gottesdienst wiederentdecke und auf diese Weise ihre Gläubigen in einen lebendigen Kontakt mit dem lebendigen Gott bringe."[1]

Die Umkehr zur Kirche, zum Mysterium der Kirche, ist nicht so ohne weiteres vollziehbar. Sie stößt auf die Tendenz, die Kirche nach soziologischen Kategorien oder nach einer so beschaffenen Gemeinschafts-„Erfahrung" des Glaubens oder des persönlichen Einsatzes eingeschränkt sehen zu wollen. Das Verständnis der Kirche schließt auch das Wissen um die bestehenden Verschiedenheiten zwischen der katholischen Kirchenauffassung und jener anderer Typen kirchlichen Selbstverständnisses mit ein. Diese auseinandergehenden Meinungen sind die schmerzliche, oft dramatische Kehrseite eines lebenswichtigen Erfordernisses: jenes, in der Kirche eine Realität zu erkennen, die über uns hinausgeht und für die wir noch nicht genügend bereit sind.

Die „eine" Kirche

Sie ist als Kirche entstanden, „aus der Einheit des Vaters, des Sohnes, des Heiligen Geistes", sie trägt das trinitarische Siegel auf der Stirn. Ihre mystische Einheit liegt außerhalb der Reichweite der Menschen und der Brüche der Geschichte.

Ihre Einheit ist eine Ur-Gnade und auf immer unantastbar gegeben. Sie trägt die Verheißung Jesu in sich, alle Tage bis ans Ende der Welt bei seiner Kirche zu sein. Leib Christi, Braut des Heiligen Geistes, Tempel des lebendigen Gottes: In seiner Konstitution „Lumen Gentium" zählt das Konzil noch viele Bilder auf, um uns den Reichtum des Mysteriums der Kirche erahnen zu lassen.

Die „heilige" Kirche

Diese Kirche ist als heilige entstanden. Wir sagten es schon: Ihre Heiligkeit besteht nicht aus der Summe von Heiligen, die sie hervorbringt, es ist vielmehr ihre eigene Heiligkeit – die Heiligkeit Christi und seines Geistes in ihr –, die in uns Frucht bringt. Nicht die Heiligen sind es, die bewunderungswürdig sind, es ist vielmehr Gott, und Er allein, der in seinen Heiligen bewunderungswürdig ist. In diesem Sinne ist die Kirche Mittlerin der Heiligkeit Gottes. Sie ist eine Mutter, die die Heiligen hervorbringt, die sich von ihr formen lassen. Genau gesagt – wir müssen keine Heiligen „werden", sondern es bleiben. Unsere christliche Berufung liegt darin, der Ur-Gnade der empfangenen Taufe treu zu bleiben und sie immer mehr in unser Leben zu übertragen. Die Kirche von außen reformieren zu wollen, ohne sich vorher aus dieser Kirche heraus und durch sie formen, beleben und erneuern zu lassen, wäre für den Katholiken ein totgeborenes Unterfangen.

Die „katholische" Kirche

Wenn wir bekennen, daß wir „an die eine, heilige, katholische und apostolische Kirche" glauben, dann gehören wir der pfingstlichen Kirche an, die schon damals, an jenem Morgen, eins und universell war; auf Geheiß des Meisters sollte sie „allen Geschöpfen die Heilsbotschaft verkünden". Diese Universalität der Berufung kam mit ihrer Entstehung zum Durchbruch. Beim Lesen der Apostelgeschichte wird diese Universalität greifbar nahe vor Augen geführt, wenn es heißt: „Wir Parther und Meder und Elamiter, wir Bewohner von Mesopotamien, von Judäa und Kappadozien, von Pontus und Asien, von Phrygien und Pamphylien, Ägypten und den Landstrichen Libyens gegen Cyrene hin, wir hier weilenden Römer, wir Juden und Proselyten, Kreter und Araber: wir hören sie in unseren Sprachen die Großtaten Gottes verkünden" (Apg 2, 8–12).

Die „apostolische" Kirche

Diese Kirche entstand von allem Anfang an als apostolische Gemeinschaft. Sie ist ein für allemal auf dem Fundament der Apostel und deren Nachfolger errichtet, wie es das II. Vatikatikanische Konzil lehrt:

„Um nun diese seine heilige Kirche überall auf Erden bis zum Ende der Zeiten fest zu begründen, hat Christus das Amt der Lehre, der Leitung und der Heiligung dem Kollegium der Zwölf anvertraut. Unter ihnen hat er den Petrus ausgewählt, auf dem er nach dem Bekenntnis des Glaubens seine Kirche zu bauen beschlossen hat; ihm hat er die Schlüssel des Himmelreichs verheißen und nach dessen Liebesbekenntnis alle Schafe anvertraut, damit er sie im Glauben stärken und in vollkommener Einheit weiden solle, wobei Christus Jesus selbst der höchste Eckstein und der Hirt unserer Seelen in Ewigkeit bleibt" (Unitatis redintegratio, Nr. 2).

Wohl ist es der Geist, der „die ganze Kirche regiert", wohl ist Christus der „Hirt unserer Seelen"; aber jene, die hienieden als Hirten bestellt sind, üben in ihrem Bereich ein bevollmächtigtes Amt aus, einen Dienst im Namen des Herrn, und in diesem Sinn ein wirkliches Mittleramt.

Wenn es zutrifft, daß das persönliche Gewissen das letzte Kriterium unseres Handelns ist und daß der Geist in jedem Gläubigen lebt und weht, wo er will, dann ist ebenso wahr, daß das Gewissen eines Christen, um sich „recht" und „mündig" nennen zu dürfen, die Hilfe oder den Rat, manchmal das Gebot jener nicht entbehren kann, die zu dieser

Aufgabe, wie es die Heilige Schrift bezeugt, eingesetzt wurden. In der Tat zeigen Paulus, Petrus, die Apostel, die Episkopi und Presbyter zur Genüge, daß sie die bevollmächtigten Hirten der lokalen Kirchen sind.

Freilich, die Hirten finden die Quelle ihrer Autorität nicht in sich selbst: Sie stützen sich auf die Auserwählung durch den Herrn, der von ihnen über die Ausübung ihres Amtes Rechenschaft fordern wird. Sicher steht es jenen, die mit der Lehre betraut sind, nicht zu, die geoffenbarte Wahrheit zu erfinden, „zu der zu stehen und nach der sich zu richten alle gehalten sind" (Lumen Gentium, Nr. 25). Aber diese Hirten sind auch als Führer, Schiedsrichter, Richter und Ratgeber – je nach den Fällen und Situationen – eingesetzt, und ihr Dienstamt darf weder abgelehnt werden, noch unberücksichtigt bleiben.

Es ist nicht unsere Aufgabe, die Analyse des Mysteriums der Kirche weiter fortzuführen. Es soll hier genügen, darauf hinzuweisen, daß für den katholischen Gläubigen jegliches Wirken des Geistes zutiefst in diese Kirche, so wie der Herr sie wollte, eingestiftet ist und daß jedes Auftreten am Rande der Kirche der Unfruchtbarkeit geweiht ist wie ein Ast, der dem Stamm, der ihn trägt, keinen Saft mehr entnimmt.

3. Das sakramentale Mysterium Kirche

Der Geist wirkt auch durch die sakramentale Mittlerschaft der Kirche. Es ist unerläßlich, die sichtbare Mittlerschaft der Ordnung der Sakramente zu erkennen.

Der Heilige Geist, die Seele und lebenspendende Quelle der kirchlichen Gemeinschaft, beschränkt seinen Einfluß nicht etwa auf die charismatischen, individuellen oder kollektiven Erscheinungen. Seine Kraft und heiligende Macht entfalten sich, gleichsam verdolmetscht, auch durch die verschiedenen Sakramente, die einen Jünger Christi von der Geburt bis zum Tode begleiten. Wäre es recht, den Dynamismus des Heiligen Geistes in der christlichen Existenz zu verkünden und dabei das Heilswerk zu vergessen oder zu vernachlässigen, das er während der sakramentalen Handlungen der Gläubigen vollbringt?

Der sakramentale Gnadenweg ist „der Heilige Geist, der die irdischen Dinge – ein menschliches Wort, Wasser, Brot, Wein – nimmt, sie erwählt, heiligt und mit der Weiterleitung des Heils betraut".

Dieser Weg war in den Kirchen der apostolischen Zeit geläufig und üblich, und der eschatologische Eifer der Korinther bildete weder die einzige, noch die wichtigste Form der pfingstlichen Ausgießung.

Unter den Sakramenten nehmen die Taufe und die Eucharistie einen besonderen Platz ein: sie verpflichten zutiefst das Leben des Gläubigen, je nach seiner eigenen Identität, sie sind bestimmend und richtungweisend für jede spirituelle Erneuerung und deshalb auch jeden echten Ökumenismus.

a) Das Initialsakrament der Taufe

Mit dem heiligen Paulus glauben wir, daß Gott in seiner uns geschenkten Güte uns zum Heile geführt hat ,,durch das Bad der Wiedergeburt und der Erneuerung im Heiligen Geist, den er in reichem Maße über uns ausgegossen hat durch Jesus Christus, unseren Heiland. So sollten wir, gerechtfertigt durch seine Gnade, der Hoffnung gemäß Erben des ewigen Lebens werden" (Tit 3, 5–7).

Nach der Lehre der Kirche ist die einzige Taufe zugleich österlich und pfingstlich: Sie taucht uns in das Mysterium des Todes Christi – dies symbolisiert die Taufe durch Untertauchen auf treffende Weise – und in das Mysterium der Auferstehung und des Heiligen Geistes, welcher ist die Frucht des Sieges Christi und der Verheißung des Vaters.

Wir werden durch eine Taufe aus dem Wasser und dem Heiligen Geist in die Kirche aufgenommen, durch die Geburt, auf die Jesus in seinem Gespräch mit Nikodemus anspielte: ,,Wahrlich, wahrlich, ich sage dir: Wer nicht aus Wasser und Geist geboren wird, kann nicht in das Reich Gottes eingehen" (Jo 3, 4–5).

Dies bringt uns die Liturgie im Gesang zur Taufwasserweihe während der Osternacht wunderbar in Erinnerung, wenn sie vom Heiligen Geist spricht, ,,der dieses vorbereitete Wasser durch die geheimnisvolle Beimischung seiner Gotteskraft befruchten wolle und . . . , aus dem unbefleckten Schoße der göttlichen Quelle zu einem neuen Geschöpf wiedergeboren, eine himmlische Nachkommenschaft hervorgehen lasse, damit die Gnade alle . . . als Mutter zu einer neuen Kindheit gebäre".

Die ,,christliche" Existenz wird durch einen sakramentalen Akt eingeleitet, das heißt durch einen Akt des lebendigen Herrn, der auf diese Weise selbst die radikale Rechtfertigung jener bewirken will, die seinem Anruf folgen.

Die Taufe Jesu ist eine ,,Taufe aus Wasser und Geist" im Schoße seiner Kirche: Die Eingliederung in die Kirche ist ein integrierender Bestandteil der normalen sakramentalen Taufe. Man kann nicht einfach außerhalb jeglichen kirchlichen Kontextes in einer Art Niemandsland getauft werden. Jeder Doppelsinn in dieser Hinsicht würde zu ernsten Abirrungen führen.

Die Kirche, deren Glied ich werde, ist zugleich

eine Taufgemeinschaft, die mich der Heiligen Dreifaltigkeit erschließt,

eine eucharistische Gemeinschaft, die mich in das Ostermysterium versenkt,

eine Gemeinschaft im Heiligen Geist, die das Pfingstmysterium vergegenwärtigt, und

eine organische Gemeinschaft, die mich mit dem Bischof und durch ihn mit den anderen Kirchen und mit der Kirche von Rom verbindet, der der Papst „im Dienste der Einheit der heiligen Kirchen Gottes" vorsteht.

b) Der Heilige Geist und die „eucharistische Gemeinschaft"

Die Charismatische Erneuerung legt die Betonung auf die „Gemeinschaft im Geist", deren ökumenische Bedeutung offensichtlich ist. Alles, wodurch wir unsere zugrundeliegende Einheit besser verwirklichen können, bringt uns einander näher; der Heilige Geist ist das lebendige Band schlechthin, nicht nur zwischen dem Vater und dem Sohn, sondern zwischen den Söhnen ein und desselben Vaters. Über die Bindungen, die sich von dieser Erfahrung ausgehend knüpfen, können wir uns nur freuen.

Wir dürfen indes nicht vergessen, daß uns der Herr einen sichtbaren Ausdruck unserer Vereinigung mit Ihm sowie untereinander hinterlassen hat, die eucharistische Gemeinschaft. Wenn wir auch gegenwärtig alle darunter leiden, unsere christliche Brüderlichkeit noch nicht durch die Gemeinschaft mit demselben Leib und demselben Blut zum Ausdruck bringen zu können, so müssen wir doch dessen eingedenk bleiben, daß die Eucharistie das Siegel der sichtbaren Einheit ist, nach der wir uns sehnen. Leider kommt es allzu oft vor, daß es einer eucharistischen Feier an Leben und menschlicher Wärme mangelt und daß sie zu formell und rituell bleibt. Daher die Versuchung, auf der Ebene der Erfahrung die Gebetsversammlungen höher zu bewerten, weil die christliche Brüderlichkeit freier zum Ausdruck kommt. Im Geist des Glaubens wird aber der Katholik stets die große eucharistische Begegnung, besonders die sonntägliche, zur Achse seines Lebens machen. Und wie sollten wir nicht hoffen, daß die charismatische Strömung eines Tages auch die Liturgie mit ihrer Lebensfülle durchdringt und daß die Priester, immer mehr „aus dem Geist erneuert", die liturgische Feier von innen her beleben, zweifellos in der Achtung vor den Regeln ihrer Tradition, aber auch in Offenheit für den Heiligen Geist.

Wenn wir dies erkannt haben, müssen wir auf dem Vorrang der eucharistischen Gemeinschaft bestehen.

Beim letzten Abendmahl, am Abend des Gründonnerstags, schloß Jesus sein Bündnis mit seinen Jüngern, indem er die Eucharistie, das immerwährende Gedächtnis seines Todes und seiner Auferstehung, einsetzte. Das Gebot „eins zu sein, damit die Welt glaube" entsprang am eucharistischen Tisch dem Herzen Christi. Durch die Gemeinschaft mit seinem Leib und seinem Blut will Er seine Jünger für alle Zeiten an sich teilhaben lassen. Im Meßkanon bitten wir den Herrn: „Schenke uns Anteil an Christi Leib und Blut, und laß uns eins werden durch den Heiligen Geist."

Die Kirche „bereitet die Eucharistie", aber die Eucharistie bereitet ihrerseits die Kirche: jede Verkleinerung dieser eucharistischen Realität würde an den Kern des Glaubens und an der Echtheit des christustreuen Ökumenismus rühren.

In einer wichtigen Untersuchung über die Zukunft des Ökumenismus zitierte Kardinal Willebrands den Wortlaut der Apostelgeschichte: „Sie verharrten in der Lehre der Apostel und in der brüderlichen Gemeinschaft, im Brotbrechen und den Gebeten" (vgl. Apg 2, 42–46); und er kommentierte diese Worte mit dem Hinweis darauf, daß alle Komponenten dieses Bildes in der christlichen Gemeinde eng verbunden sind.

„Die Treue zur Lehre der Apostel", sagte er, „besteht nicht nur im Hören des Wortes: Sie ist auch, und zwar untrennbar, die Feier eines gleichen, vom Herrn empfangenen Kults, der jedes Glied dieser Gemeinschaft immer mehr mit ihm identifiziert.

Die gemeinsame Teilnahme an diesen Gütern, an diesen menschlichen Vermittlungen, die der Herr wollte, um seine Gemeinde aufzubauen und bis zu Seiner Wiederkehr wachsen zu lassen, bewirkt unter den Gläubigen eine sichtbare, kirchliche Gemeinschaft.

Durch das gemeinsame Bekenntnis desselben Glaubens, durch die gemeinsame Feier derselben Sakramente und durch die gemeinsame Teilnahme daran, betreut und versammelt von Priestern, die durch dasselbe Sakrament als solche eingesetzt sind, durch das gemeinsame Streben nach einer fortschreitenden Heiligung des Lebens, nach dem Vorbild Jesu im Dienst an ihren Brüdern (vgl. Phil 2, 5), sind diese Gläubigen untereinander nicht nur durch eine spirituelle Beziehung auf der Ebene des Mysteriums und des Unsichtbaren verbunden, sondern auch auf der sichtbaren der menschlichen Gegebenheiten, die durch den Geist verwandelt sind."

Die Charismatische Erneuerung, die das Bild der ursprünglichen christlichen Gemeinde in so vieler Hinsicht wieder aufleben läßt, ist es sich schuldig, dieser Beschreibung zu entsprechen: Sie muß nicht nur brüderliche Gemeinschaft sein, sondern eine Gemeinschaft, die „in der Lehre der Apostel verharrt" – heute in Gestalt ihrer Nachfolger – und sich am eucharistischen Tisch „zum Brotbrechen" versammelt.

V.
VORAUSSETZUNGEN EINER ECHTEN CHARISMATISCHEN ERNEUERUNG

1. Notwendigkeit einer kritischen Analyse

Niemand kann, ungeachtet der Krise, die die Kirche durchlebt, leugnen, daß der Heilige Geist in ihr mit Macht am Werk ist. Die Erneuerung entwickelte eine neue Annäherung der Christen und führte den Ökumenismus auf der Ebene der Gottesvolkschaft einen wichtigen Schritt voran. Eine Versammlung wie die im Juli 1977 in Kansas City zeigt deutlich, daß „der Geist zu den Kirchen spricht" und daß das christliche Volk seine Stimme vernimmt. Darum darf man aber nicht in einen euphorischen Ökumenismus verfallen, der aus Begeisterung über eine neugefundene Brüderlichkeit die noch nicht gelösten Schwierigkeiten auf dem Gebiet der Lehre vergißt.

> Wenn man vom Wirken des Geistes spricht, ohne Stellung und Bedeutung der sakramentalen Strukturen und des Spielraums menschlichen Mitwirkens festzulegen,
> wenn man vom Glauben spricht, ohne dessen wesentlichen Inhalt zu klären,
> wenn man es ablehnt, einen gleichen eucharistischen Glauben zu definieren sowie die Rolle und Funktion dessen, der dem Mahl des Herrn vorsteht,

wird die Interkommunion problematisch bleiben, und wird man „im Geist und in der Wahrheit" an der Schwelle des Ökumenismus bleiben.

Dieses Erfordernis der Klärung betrifft vorwiegend die Führer der Charismatischen Erneuerung, aber sie berührt auch deren Anhänger, die aufgeklärt werden müssen. „Die Wahrheit wird euch frei machen", sagte der Herr. Man muß zu glauben wagen, daß die Wahrheit und die Liebe in Gott und im Leben der Menschen nur gemeinsam wirken können.

Wir wollen daher einige neuralgische Punkte untersuchen, so wie man bei der Mündung eines Flusses Riffe und Sandbänke signalisiert, um die Schiffe besser steuern und in den Hafen bringen zu können.

So hielten es auch die Verfasser des ersten Dokuments von Mecheln fest:

„Man braucht viel Takt und Unterscheidungsgabe, um nicht auszulöschen, was der Heilige Geist zur Annäherung der Christen in den Kirchen zu wirken im Begriffe ist.

Ein ähnliches Taktgefühl und eine ähnliche Unterscheidungsgabe müssen bewiesen werden, damit die ökumenische Dimension der Erneuerung nicht Anlaß zur Trennung und zum Stein des Anstoßes werde.

Ein starkes Einfühlungsvermögen in die Bedürfnisse und Auffassungen der Mitglieder der anderen Kirchen ist mit der Treue der Katholiken oder der Protestanten zu ihrer eigenen kirchlichen Verwurzelung vollkommen vereinbar. In den ökumenischen Gruppen muß auf die Übereinkunft geachtet werden, daß die brüderliche Einheit ohne Schaden für die Authentizität des Glaubens eines jeden erhalten bleibt.

Diese Übereinstimmung, die in einer ökumenischen Gesinnung verwirklicht wird, muß Teil der Heranbildung sein, die all denen zuteil wird, die sich dem Leben einer Gebetsgruppe eingliedern wollen."[1]

Um diesem Anliegen der gegenseitigen Authentizität zu entsprechen, muß der Katholik zunächst vom eigenen Glauben wirkliche Kenntnis haben, insbesondere vom Mysterium der Kirche, das er in seiner tiefen Realität erfassen und leben muß. Er kann nicht unter dem Vorwand der Liebe davon absehen. Liebe und Wahrheit schließen einander nicht aus – sie rufen einander herbei.

Dieser „kirchliche" Sinn wird ganz besonders auf die zu meidenden Klippen aufmerksam machen, damit man sich auf den Querwegen und in den Sackgassen nicht verirrt.

Es soll hier nun – ohne sie vollständig aufzählen zu wollen – auf einige dieser Klippen hingewiesen werden, wobei das Augenmerk zunächst auf das verwendete Vokabular gelenkt werden soll.

2. *Die Doppelbödigkeit der Sprache*

Man kann der Strenge des Worts gar nicht genügend Bedeutung beimessen. Ein weiser Chinese, den man eines Tages fragte, was er tun würde, wäre er Herr der Welt, erwiderte: „Ich würde den Sinn der Worte wiederherstellen."

So paradox es klingen mag: eine gemeinsame Sprache kann zu Mißverständnissen führen, wenn die Ähnlichkeit der Worte miteinander unvereinbare Begriffe birgt und diese Unvereinbarkeit verschleiert.

Beim Erlernen einer Fremdsprache sind die schwierigsten Worte jene, die gleich klingen, aber einen anderen Inhalt haben.

Unser gemeinsames charismatisches Vokabular kann uns gegenseitig in die Irre führen. Wir müssen die Unterschiede redlich analysieren; wir können sie nicht überwinden, wenn wir sie nicht erkennen. Nehmen wir beispielsweise den Ausdruck „Geisttaufe", der verschiedene Theologien bemäntelt.

Die „Geisttaufe"

Das meistverwendete Wort in charismatischen Kreisen ist wohl jenes der „Geisttaufe". Es ist ein Schlüsselwort, denn es bezeichnet die ursprüngliche Erfahrung der Bekehrung, von der alles andere ausgeht. Daher kann der Frage gar nicht genug Bedeutung beigemessen werden: Was liegt diesem Ausdruck wirklich zugrunde?

In katholischen Kreisen kommt es – leider – nicht selten vor, daß man jemanden sagen hört: „An diesem und diesem Tag wurde ich Christ", wobei er auf den Tag anspielt, an dem er die Geisttaufe empfing. Eine gefährliche Ambiguität eines Menschen, der als Kind das Sakrament der Taufe empfangen hatte und schon an jenem Tag Christ geworden war. Wahrscheinlich will er damit sagen, daß er sich als Folge dieser Geisttaufe seines Christentums voll bewußt wurde, die sein Leben umgekrempelt und bestimmt hat. Man versteht, daß er von seiner Erfahrung mit Begeisterung spricht, aber es ist wichtig, daß er auf seine Ausdrucksweise achtet. Der Ausdruck kann zu einer schwerwiegenden Abirrung von der Lehre führen, wenn er nämlich eine Art von Übertaufe zum Nutzen einer christlichen Elite bedeuten soll. Die notwendige Rechtgläubigkeit und Demut verbinden sich hier mit einem gemeinsamen Erfordernis verbaler Wahrheit und der Wahrheit schlechthin.

3. *Lebendige Überlieferung und Wort Gottes*

Überlieferung und Schrift

Eines der ökumenisch meistumstrittenen Themen ist jenes des Verhältnisses zwischen Tradition und Schrift.

Stehen wir einem oder zwei Zuflüssen der Offenbarung gegenüber? Es ist bekannt, daß sich die Anschauungen als Folge der Beachtung, die man dieser wechselseitigen Implikation unter verschiedenen Gesichtspunkten schenkte, merklich angenähert haben. Der Katholik liest die

Schrift unter der Voraussetzung einer Anleitung und Unterweisung durch die Kirche.

Vor kurzem kam Papst Paul VI. auf die Verantwortung der Katecheten zu sprechen, wobei er sagte: „Sie müssen das Wort Gottes verkünden, so wie es von der göttlichen Offenbarung kundgegeben, von der kirchlichen Überlieferung gelebt und von den Aussagen des kirchlichen Lehramts ausgelegt wurde.“[2]

Diese sehr dicht gefaßte Formel bezeichnet den normalen Weg des Heiligen Geistes bezüglich des Wortes Gottes.

Dieses Wort gibt sich uns in der göttlichen Offenbarung kund. Unsere gemeinsame Quelle ist das Wort Gottes, das wir durch die Kanäle der Bibel und der Überlieferung in der Kirche empfangen.

Das II. Vatikanische Konzil formulierte die Auffassung der Kirche in der dogmatischen Konstitution über die göttliche Offenbarung, Nr. 10, wie folgt: „Die Aufgabe aber, das geschriebene oder überlieferte Wort Gottes verbindlich zu erklären, ist nur dem lebendigen Lehramt der Kirche anvertraut, dessen Vollmacht im Namen Jesu Christi ausgeübt wird. Das Lehramt ist nicht über dem Wort Gottes, sondern dient ihm, indem es nichts lehrt, was nicht überliefert ist, weil es das Wort Gottes aus göttlichem Auftrag und mit dem Beistand des Heiligen Geistes voll Ehrfurcht hört, heilig bewahrt und treu auslegt und weil es alles, was es als von Gott geoffenbart zu glauben vorlegt, aus diesem einen Schatz des Glaubens schöpft.“[3]

Überlieferung und Schrift sind eng verbunden, beide entspringen einer identischen göttlichen Quelle.

Diese „Osmose“ zwischen Überlieferung und Schrift wurde von dem katholischen Ökumeniker Georges H. Tavard sehr gut mit folgenden Worten zum Ausdruck gebracht:

„Das Geheimnis des Zusammenschlusses oder der christlichen Einheit oder, wenn man lieber will, der Theologie des Ökumenismus liegt in der Rückkehr zu einem Begriff, der Schrift und Kirche gegenseitig jeweils einschließt. Die Schrift kann nicht Wort Gottes sein, wenn man sie von der Kirche, der Braut und dem Leib Christi, loslöst und isoliert. Und die Kirche könnte nicht Braut und Leib des Herrn sein, hätte sie nicht die Gabe des Verständnisses des Worts empfangen. Diese beiden Phasen der Heimsuchung Gottes unter den Menschen sind Aspekte eines Mysteriums. Letztlich sind sie eins, eins in ihrem Zweisein. Die Kirche schließt die Schrift ein, so wie die Schrift die Kirche einschließt.“[4]

Biblische „Ursprünglichkeit"

Das schließt als Folge mit ein, daß man Schrift und Überlieferung nicht zeitlich scheiden darf, indem man sich – im Namen der Exegese – allein auf eine ursprüngliche Schrift beruft, die, weil zeitlich früher entstanden, gültiger sein soll als eine andere. Man kann die Grundlage des ökumenischen Dialogs nicht auf einen einzigen, in der Heiligen Schrift als ursprünglich angesehenen Ausgangspunkt zurückführen und ihn als einzig gültige gemeinsame Plattform jeglichen Diskussionsbeginns ansehen.

Als Reaktion auf das, was man „biblische Urprünglichkeit" nennen könnte, schrieb der hervorragende Ökumeniker Avery Dulles mit Bezug auf ein vor kurzem erschienenes Buch:

„Offenbar glaubt der Verfasser, daß man die Einheit der Kirchen fördert, wenn man von ihnen die Aufgabe dessen verlangt, was zu ihrer Überlieferung gehört, um dann, vom Neuen Testament ausgehend, das man mit einer theologisch neutralen, rein historisch-kritischen Methode untersucht hat, neu aufzubauen. Eine derartige Äußerung mag den einen oder anderen liberalen Protestanten verlocken, aber meiner Ansicht nach wird sie von der Mehrzahl der Protestanten nicht angenommen werden, ganz zu schweigen von den Anglikanern, Orthodoxen und Katholiken. Persönlich glaube ich, daß es viel nützlicher wäre, zu versuchen, die verschiedenen christlichen Traditionen in ihrer eigenen Ursprünglichkeit zu harmonisieren und positiv miteinander ins Gespräch zu bringen. In diesem Dialog wird die Bibel eine wichtige Rolle spielen, doch wird die Exegese nicht unbedingt das letzte Wort sprechen."[5]

a) Das individuell vernommene Wort Gottes

So wie das Wort Gottes in der Kirche gelesen, vernommen und gelebt wird, muß auch dessen Rolle festgehalten werden, wenn der Christ glaubt, eine an ihn persönlich gerichtete „Botschaft Gottes" zu empfangen.

Auch hier kann das Vokabular aus Mangel an Nuancen zu Irrtümern führen. Infolge einer Übernahme prophetischer Redeweisen aus dem Alten Testament benützt man allzu leicht den Ausdruck: „Gott hat mir gesagt, daß . . ., Gott fordert euch auf, . . ." Man müßte auf die Schlichtheit des Ausdrucks achten. Ralph Martin rät bei der Verwendung dieser Worte zur Vorsicht.[6] Es gibt keine direkte Leitung, die uns mit dem Heiligen Geist verbindet; derartige Worte gehen stets durch das Bewußtsein und das Unterbewußtsein dessen hindurch, der sie zu vernehmen glaubt. Daher die Notwendigkeit, sie einer strengen Kritik zu unterziehen. Die ,,Inspiration" Gottes – angenommen, sie ist in einem bestimmten Fall echt – macht weder den Spielraum noch die Komplexität der verschiedensten Wege menschlicher Mittlerschaft zunichte.

b) Eine stets mittelbare Erfahrung

Wer das charismatische Eingreifen des Geistes für sich bezeugt, schreibt diesem im allgemeinen einen unmittelbaren Charakter zu. Dies gilt übrigens auch für die Texte, die die biblische Prophetengabe und die mystische Erfahrung wieder zu Ansehen bringen.

Es muß jedoch bemerkt werden, daß diese Art von Literatur schon seit langem Gegenstand eingehender Untersuchungen ist, und daß wir diese nicht mehr ganz einfach abtun können. Insbesondere ergibt sich daraus, daß die *christliche Erfahrung* als solche niemals die absolute Evidenz eines Kontaktes mit Gott beinhaltet, so stark oder beglückend sie von demjenigen, der diese Erfahrung macht, auch empfunden werden mag.

Die mystische Erfahrung, erläutert J. Mouroux (*L'expérience chrétienne*, 1952, Schlußfolgerungen, S. 369), rührt freilich an das göttliche Mysterium, aber durch eine geschaffene Vermittlung hindurch. Diese Erfahrung ,,ist nicht der volle Besitz seines Objekts, sie ist eine Strahlenbrechung des göttlichen Objektes durch den spirituellen Elan hindurch, und die Gottesfreude, die dieser unvollkommenen Besitznahme folgt, ist nur ein verschwommener Vorgeschmack der Seligkeit. Diese absolute Transzendenz Gottes relativiert mit einem Schlag und auf wesentliche Weise jede christliche Erfahrung . . . Man versteht dann, daß sie schon aufgrund ihrer Beschaffenheit das Dunkel, die Furcht, die Hoffnung in sich birgt . . . Die christliche Erfahrung ist das Bewußtwerden dieses wunderbaren, aber stückhaften, unklaren, keimhaften, bedrohten Besitzes".

Daher ist es natürlich, daß die Seelenführer jeder Generation die entscheidende Frage nach der ,,Unterscheidung der Geister" neu aufgreifen: ,,Wie kann man mit einiger Sicherheit wissen, ob es sich um den Heiligen Geist oder um bestimmte Einbildungen handelt?" Diese Frage taucht im Laufe der Jahrhunderte immer wieder, in beinahe ermüdender Art, auf; die Antwort darauf kann wegen der Komplexität der Situation niemals ganz befriedigen. Ist das nicht ein Hinweis, ja sogar der

Beweis für die tatsächliche Nützlichkeit, manchmal Notwendigkeit, einer Hilfe, eines Rates, eines etwaigen Schiedsspruchs? Nicht, um den „Geist auszulöschen“ (1 Thess 5, 20), sondern um den Geist von den unvermeidbaren menschlichen Einseitigkeiten und den unbewußten Verkrümmungen zu befreien. „Prüft alles, das Gute behaltet“, sagt der heilige Paulus (1 Thess 5, 21).

4. Die Kirche als Mutter und die Unterscheidung der Geister

Die Unterscheidung der Geister ist ein schwer zu lösendes Problem, nicht nur innerhalb der katholischen Kirche, sondern für alle christlichen Bekenntnisse.

Der heilige Ignatius legte seinerzeit wertvolle Regeln dafür fest, die noch immer Gültigkeit haben. Sie müssen ständig auf die Gegenwart bezogen und angepaßt werden, damit das Wirken Gottes nicht verleugnet oder verfälscht wird. Auch auf diesem Gebiet muß der Katholik die mütterliche Führung der Kirche anerkennen und annehmen.

Dies gilt insbesondere für die Erneuerung, eine Gnade, die angenommen, aber auch unversehrt bewahrt werden muß.

Eine Gnade, die man ergreifen muß

Die Charismatische Erneuerung ist eine besondere Gnade für die Kirche unserer Zeit.

Sie ist ein Aufruf an uns alle, Hirten und Gläubige, und sie fordert uns auf, die Kraft unseres Glaubens zu verstärken und in brüderlicher Teilnahme nach dem Vorbild der Urkirche neue christliche Lebensweisen zu schaffen.

In der Krise, die wir erleben, hat sie für viele Christen eine ergänzende Funktion, die das religiöse Leben dort nähren soll, wo es unseren Gottesdiensten oft an Seele und Eingebung, unserer Predigt an der Kraft des Heiligen Geistes und unserer Passivität an apostolischem Mut mangelt.

Eine Auswahl ist zu treffen

Mag aber nun die Charismatische Erneuerung eine Gnade sein, die es zu ergreifen gilt, so wird sie doch nur lebenspendend, wenn sie sich durch die Kirche, gemäß deren genauer Kenntnis und Ausübung jedes einzelnen Charismas und des Geistlebens, lenken läßt.

Die irdische Klugheit der Kirche, die durch eine lange geistliche und mystische Tradition gestärkt und durch das jahrhundertealte Beispiel der Heiligen immer wieder neu belebt wird, bietet auf diesem Gebiet Ratschläge, Anregungen und Stützen an, auf die man nicht ungestraft verzichtet.

Die Bischofskonferenzen, die sich bisher zur Charismatischen Erneuerung äußerten, wiesen auf die von ihr ausgehende Ermutigung hin, nannten zugleich aber auch gewisse Vorbehalte, die man sich vergegenwärtigen muß.

Zum Verständnis und zur gerechteren Beurteilung der gegenwärtigen Situation muß man bedenken, daß die katholische Erneuerungsbewegung in einer Stunde ernster Krise für die Kirche entstand. In den zehn Jahren von 1967 bis 1977 bewirkte eine Art von spiritueller „Depression" den Austritt zahlreicher Priester und Ordensleute; doch mehr noch, in diesen Jahren ließen die Säkularisierung, die Entmythologisierung, das Neuheidentum und der umgebende Naturalismus eine Art religiöses „Vakuum" entstehen; in der Art einer durchaus gesunden Reaktion ließ die Leere unter den Besten die Sehnsucht nach einem gehaltvollen Christentum, nach einem Radikalismus des Glaubens, aufblühen.

Zu dem Zeitpunkt, als in den Vereinigten Staaten die Charismatische Erneuerung mit der Erweckung der Gaben und Charismen des Heiligen Geistes aufbrach, war das Schrifttum zu diesen Themen hauptsächlich von den Pfingstkirchen oder den „evangelikalen" Gemeinschaften inspiriert. Der Erfolg des Buchs von David Wilkerson, „Das Kreuz und die Messerhelden"[7], und so vieler anderer populär-literarischer Bücher oder Broschüren ist bekannt. Sie boten ein buntes Gemisch, spirituell Anreizendes, wenn nicht gar Phantastisches, sowie fundamentalistische Schriftauslegungen.

Die unumgänglich notwendige Unterscheidung war nicht im gewünschten Maß vorgenommen worden, weil sich die seelsorglich Verantwortlichen meist im Hintergrund hielten, anstatt sich von der Gnade der Erneuerung selbst erfassen zu lassen.

Schon in einem Dokument, das auf meine Bitte hin von dem Theologen Kilian Mc Donnell OSB im Jahr 1973 in Rom verfaßt und von einer internationalen Gruppe charismatischer Theologen gutgeheißen worden war, konnte man zwischen den Zeilen einen Ruf zur mütterlichen Sorge der Kirche lesen:

„Bei manchen Menschen bemerken wir hinsichtlich der Charismen einen übertriebenen Supranaturalismus und eine übermäßige Beschäftigung mit ihnen. Man begegnet manchmal Anhängern der Erneuerungsbewegung, die in allen Erscheinungen, von denen sie glauben, daß sie nicht von Gott kommen, zu rasch einen dämonischen Einfluß sehen. Oder man stößt auf die bedenkliche Ansicht, die Kirche nicht zu benötigen, wenn man das Evangelium hat.

Im Bereich des Sakramentalen gibt es manche, die der Feier der Sakramente ihre subjektive Heilserfahrung entgegensetzen.

Man achtet nicht immer genügend auf die theologische Bildung jener, die von den verschiedenen Gemeinschaften für besondere Ämter für berufen gehalten werden. Manche schaffen einen künstlichen Gegensatz zwischen der Notwendigkeit der umgestaltenden Kraft des Geistes und jener einer theologischen Ausbildung.

Manche ‚leaders' zeigen sich wenig bestrebt, aufmerksam auf die Kritik zu achten, die aus der Erneuerung selbst oder von anderswoher kommt.

Schließlich haben manche noch nicht begriffen, welche unausbleiblichen sozialen Folgerungen das ‚Leben aus Christus und aus dem Heiligen Geist' in sich birgt. In manchen Fällen gibt es ein echtes soziales Engagement, aber es ist oberflächlich in dem Sinn, daß es nicht an die Strukturen der Unterdrückung und des Unrechts rührt."

Das geistliche Leben ist ein heikles Navigieren, wobei man sich gleichzeitig vor einem „reduktionistischen" und rationalistischen Naturalismus, wie auch vor einer supranaturalistischen Überspannung hüten muß. Das wahrhaft Übernatürliche liegt zwischen Skylla und Charybdis. Um es zu entdecken und in Wahrheit zu leben, benötigen wir die Unterscheidung der Kirche, die aus einer langen einschlägigen Erfahrung schöpft. Der Ökumenismus kann viel daraus gewinnen, wenn die Christen einander bei der Ausübung der verschiedenen Charismen begegnen, die der Geist seiner Kirche gewährt. Aber auch hier ist es wichtig, daß wir sie gemeinsam in ihrer richtigen Perspektive sehen und sie weder herabsetzen noch erheben.

5. Unterscheidung besonderer Charismen

Nach Paulus sind die Charismen, wie wir sagten, Geschenke an die Kirche zu deren Auferbauung. Daher ist es normal, daß die Kirche diese Gaben mit ihrer Weisheit und der ihr eigenen Unterscheidungsgabe durchleuchtet. Angesichts einer Erweckung derartigen Ausmaßes steht es den betreffenden Bischofskonferenzen zu, einschlägige Weisungen zu erteilen. Übrigens ist es beeindruckend, zu sehen, wie sehr sie miteinander übereinstimmen.

Wir können hier nicht jedes einzelne Charisma untersuchen. Es gibt zahlreiche Studien über die biblischen Gaben des Geistes, aber keine gründlichen theologischen Untersuchungen über das charismatische Leben unserer Tage.

Es wäre wünschenswert, wenn sich die Theologen damit befassen wollten, besonders jene, die die Erneuerung persönlich kennengelernt haben. Ein protestantischer Theologe sagte mir eines Tages, er habe seine exegetischen Vorlesungen gründlich überarbeiten müssen, nachdem er gewisse Paulusstellen über die Gaben des Geistes persönlich erfahren habe.

Eine solche Arbeit wäre ein wertvoller Beitrag für das Lehramt, damit es der Rolle, die das Konzil von ihm fordert, voll nachkommen kann:

„Das Urteil über ihre Echtheit und ihren geordneten Gebrauch steht bei jenen, die in der Kirche die Leitung haben, und denen es in besonderer Weise zukommt, den Geist nicht auszulöschen, sondern alles zu prüfen und das Gute zu behalten (vgl. 1 Thess 5, 12 und 19–21)".[8]

Hinter dem Wort „alles prüfen" verbirgt sich die Aufforderung, nicht von außen zu urteilen, sondern von innen zu prüfen, in Symbiose und Sympathie. Es schließt auch die Verpflichtung mit ein, die sich daraus ergebenden Forschungen der verschiedensten Disziplinen durchzuführen, denn Theologie und Humanwissenschaften müssen sich hier finden.

Als Beispiel sollen hier einige Aspekte der Charismen herausgegriffen werden, die Probleme ergeben und deren ökumenische Rückwirkungen fühlbar sind.

Es ist nützlich, festzuhalten, daß die wichtigsten traditionellen christlichen Kirchen auf dem Gebiet der Unterscheidung der Charismen sehr oft unsere eigene katholische Ansicht über die in manchen „evangelikalen" oder pfingstkirchlichen Gemeinschaften übliche Interpretation teilen. Das zu übersehen, hieße, einen verkehrten Ökumenismus betreiben.

a) Die Prophetengabe der Kirche

Eine schwer zu deutende Gnadengabe ist das Charisma der Prophetie. Ein Prophetentum am Rande, ohne lebendige Verbindung mit der apostolischen und prophetischen Autorität des kirchlichen Lehramtes, läuft Gefahr, zur Entstehung einer „Parallelkirche" zu führen und folglich abzuweichen, bis schließlich eine Sekte entsteht.

Die Geschichte einer langen Reihe von Abweichungen dieser Art ermahnt uns zur Vorsicht. Die Realität der Prophetengabe in der Kirche ist gewiß zu bejahen, aber die Propheten müssen in letzter Instanz den Hirten unterstehen. Die Unterscheidung der Prophetengabe ist keine leichte Aufgabe: Es bedarf einer soliden geistlichen Bildung und eines Fingerspitzengefühls, das nicht jedermann hat. Der gläubige Katholik wird Rat annehmen und das innere Wort, das er zu vernehmen glaubt, sofern es ernste Auswirkungen auf die Gemeinschaft in sich birgt, normalerweise dem bischöflichen Urteil unterstellen. Die Gaben Gottes für seine Kirche – deren die Prophetengabe eine ist – fügen sich in die wichtigste und fundamentalste Gabe ein, die nichts anderes ist als die Kirche selbst in ihrem Mysterium.

Die Gaben, die die Kirche im Laufe der Geschichte belebt, erneuert oder vorangebracht haben, werden von Gott *innerhalb dieser fundamentalen Gabe* gegeben. Sie sind ihr untertan. Sie sind auf das Leben der Kirche hingeordnet, damit dieses lebendiger und fruchtbarer werde. Sie werden vom Vater geschenkt, um die Kirche auf den Weg zur Fülle des mystischen Leibes Christi zu leiten. Diese Fülle ist ihrerseits von Anbeginn der Gründung an im Geschenk der Kirche selbst in Jesus Christus ganz enthalten – aber noch nicht völlig enthüllt. Franziskus und Ignatius, Teresa und Dominikus und all die anderen haben stets verstanden, daß die ihnen zuteil gewordene besondere Gabe dieser großen, fundamentalen Gabe untergeordnet war. Ihr Leben war eine tatsächliche Unterwerfung unter dieses fundamentale Geschenk.

Es wäre ihnen als Selbstaufgabe erschienen, hätten sie ihre Sendung nicht in inniger Gemeinschaft mit dieser Grundgabe erlebt, in der die ihre eingeschlossen war.

Die Prophetengabe ist oft mit einer angeborenen Begabung einer auserwählten Person verbunden, die als Quelle und Kanal der Gnaden einen breiten prophetischen Strom auslöst. Dafür zeigt die Geschichte der Kirche sowohl in der Vergangenheit wie in der Gegenwart mannigfaltige Beispiele. Ohne sie alle vollständig aufzählen zu wollen, denke ich dabei an zeitgenössische Bewegungen, wie die Cursillos in Spanien, die Legio Mariae in Irland, die Focolarini in Italien, an Taizé in Frankreich usw. Diese Strömungen sind durch die Betonung, die sie auf vergessene oder verwischte Werte legen, durch den evangelischen und apostolischen Radikalismus, den sie in Erinnerung rufen und ins Werk setzen, Fragen an die Kirche.

Was die gegenwärtige Charismatische Erneuerung anbelangt, die von den Vereinigten Staaten ausging, so ist sie eine prophetische Strömung von doppelter Eigenart . . . Zunächst geht sie nicht von der Gnadengabe einer besonderen Person aus. Es gibt keinen namentlichen Begründer: Sie entstand und verbreitete sich fast gleichzeitig und spontan über die ganze Welt.

Weiters stellt sie durch ihr Ausmaß und ihre Stärke eine, wie ich mit dem Heiligen Vater zu sagen wage, außergewöhnliche „Chance" der Erneuerung für die Kirche dar, samt allen darin enthaltenen Möglichkeiten. Voraussetzung ist, daß die „institutionelle" Kirche die Gnade der Erneuerung, die ihr in so vieler Hinsicht geboten wird, zu erkennen und zu unterstützen versteht, wobei sie die Entwicklung gleichzeitig auch lenkt. Voraussetzung ist ferner, daß die Erneuerung zuinnerst kirchlich ist und die Falle eines allen Pseudopropheten und allen Überbewertungen preisgegebenen willkürlichen und am Rande liegenden Prophetismus meidet.

Unsere getrennten Brüder – besonders jene, die den Freikirchen angehören – müssen verstehen, daß die Prophetengabe für den Katholiken kein Parallelweg ist, sondern daß wir diese Gabe in einer Symbiose mit der Gabe der Kirche leben müssen, die für uns deren höchste Garantie ist.

Waren es früher Petrus und die Apostel, so sind es heute deren Nachfolger, der Papst und die Bischöfe, die alle besonderen Gaben, die in der Kirche auftauchen können, zusammenfassen und beglaubigen. Daß sie bisweilen nicht klar sahen – nach welchen Kriterien waren sie denn erwählt worden? –, ändert nichts an der spirituellen Realität. Es ist ja Jesus Christus selbst, zu dem die Propheten über Petrus und seine Nachfolger gehen, wenn sie sich an die Bischöfe wenden. Sie müssen in einer mystischen Realität Wurzel fassen, die allein es ihnen ermöglichen wird, die volle Frucht ihrer eigenen Prophetengabe zu bringen. Die Äste, die mit dem Stamm nicht verbunden sind, bringen auch nicht die Frucht des Stammes. Sie können nur einen kleinen Nebenstamm bilden und so die Kirche nur noch mehr zerstückeln, die doch geschaffen wurde, um eins zu sein.

b) Glaube und Privatoffenbarungen

Heiligkeit, das muß gesagt werden, ist nicht mit einer Anzahl von bestimmten Randerscheinungen gleichzusetzen, die man im Leben der Heiligen antrifft: Visionen, Offenbarungen, innere Stimmen Gottes. Das sind nebensächliche Erscheinungen, die als solche keineswegs einen Heiligkeitstest darstellen. Dasselbe gilt übrigens auch für die Charismen, die in erster Linie Gaben an die Kirche sind, und die nicht unbedingt jene heiligen müssen, die sie eben zur Erbauung der Kirche in ihrer Gesamtheit empfangen.

Eine subtile Versuchung drängt uns leicht dazu, die Aufmerksamkeit eher auf die Gaben des Heiligen Geistes zu konzentrieren als auf den Heiligen Geist selbst, mehr auf die außergewöhnlichen Gaben als auf die gewöhnlichen, mehr auf die allenfalls damit auftretenden peripheren Erscheinungen als auf ihre zugrundeliegende Realität.

Wir haben hier nicht die allgemeinen Regeln der Unterscheidung zu umreißen, um den guten Samen vom Unkraut, die echte Mystik vom Mystizismus zu trennen. Das erfordert feine Richtigstellungen, und man kann nur wünschen, daß die göttliche Vorsehung die Zahl der geistlichen Lehrer, die uns als Führer dienen, vermehren möge. Vor allem im Gebirge bedarf man der Führung eines altgedienten Alpinisten, der die Spalten und Abgründe kennt und den Weg bahnt.

Doch ist es vielleicht dienlich, die Haltung der Kirche gegenüber den privaten Offenbarungen in Erinnerung zu rufen.

Das betrifft die „prophetischen Sprüche“ und Visionen ebenso wie die Frömmigkeitsübungen, die oft infolge von privaten Offenbarungen entstehen.

Es ist zum Beispiel bekannt, daß man in Frankreich, als die Unbefleckte Jungfrau dem Mädchen Bernadette erschien, plötzlich einer Reihe falscher Erscheinungen gegenüberstand; das machte die Unterscheidungsarbeit des Bischofs besonders schwierig. Es gibt ein Phänomen der Ansteckung, das in der Geschichte ziemlich häufig vorkommt. Darüber braucht man sich nicht zu wundern, doch ist es gut, wenn man davon Kenntnis hat.

Die Charismatische Erneuerung, die echte Gaben wiederaufleben läßt, muß sich davor hüten, allzu leicht dort übernatürliche Erscheinungen zu sehen, wo es sich um psychologische oder parapsychologische Phänomene handelt, deren Deutung als christlich und kirchlich der Bestätigung bedarf. Hier ist Zurückhaltung geboten. Alles, was an diese Art von Phänomenen rührt, erfordert eine besondere Unterscheidung, die letztlich von der Kirche beglaubigt sein muß.

Schon seit langem stellt die jahrhundertealte Weisheit des kirchlichen

Lehramts Regeln auf, die noch immer gültig sind und die christliche Einstellung zu privaten Offenbarungen irgendwelcher privilegierter Seelen betreffen. Die Zurückhaltung, die sich darin zeigt, schmälert nicht die Echtheit dieser oder jener Privatoffenbarung für denjenigen, der sie empfängt oder zu empfangen glaubt, aber sie weist dem Anstoß für die Kirche, der von ihnen ausgeht, die ihm gebührende Stellung zu.

In einem Werk, das noch nach Jahrhunderten der klassische diesbezügliche Leitfaden ist, legte Papst Benedikt XIV. (von 1740 bis 1758 Papst) diese Regeln dar. Als der hervorragende Kanonist, der er war, legte er Wert auf eine klare Unterscheidung zwischen der Verpflichtung zum Glauben an die private Offenbarung für denjenigen, dem sie zuteil wurde, und der Nichtverpflichtung der übrigen Christen, diese Offenbarung im Glaubensbereich für wahr zu halten. Nur die öffentliche Offenbarung, die Jesus uns zu bringen kam und die die Apostel auf uns überlieferten, ist Gegenstand des christlichen Glaubens. Die privaten Offenbarungen gehören einem anderen Bereich an, der den christlichen Glauben als solchen nicht berührt.

Hier soll nun der eigentliche Wortlaut dessen folgen, was Benedikt XIV. dazu sagte; es ist gut, wenn man sich diesen Text vergegenwärtigt, einerseits wegen seiner theologischen Exaktheit, andererseits aber auch wegen der ökumenischen Rückwirkungen, die er haben könnte, wäre er nur allgemein besser bekannt: Manche Befürchtungen unserer getrennten Brüder würden dadurch beschwichtigt, Ängste, die auf die Nichtunterscheidung dieser beiden Bereiche in der gegenwärtigen Literatur und auf das ,,Übergewicht" unseres Glaubens zurückzuführen sind.

1. ,,Was die Bestätigung privater Offenbarungen durch die Kirche anbelangt, so muß man wissen, daß diese Approbation nichts anderes ist als eine nach reiflicher Prüfung zum Nutzen der Gläubigen gewährte Erlaubnis. Den auf diese Weise approbierten privaten Offenbarungen braucht und kann man nicht als *katholischem Glaubensgut* zustimmen. Es gebührt ihnen eine Zustimmung menschlichen Glaubens nach den Gesetzen der Klugheit, denen entsprechend diese Offenbarungen als etwas Wahrscheinliches und in frommer Gesinnung Glaubwürdiges erscheinen.
2. Wir glauben an die in Übereinstimmung mit den Quellen der katholischen Lehre stehenden Offenbarungen, an die zu glauben unter Strafe der Häresie, falls man sie hartnäckig leugnet, Pflicht ist. Was die Offenbarungen betrifft, die an die Heiligen ergingen,

deren Lehre die Kirche anerkennt, so glauben wir daran als an etwas Wahrscheinliches.

3. Daraus ergibt sich, daß man privaten Offenbarungen seinen Glauben verweigern kann, ohne der Unversehrtheit des katholischen Glaubens Abbruch zu tun, vorausgesetzt, daß man es mit der gebührenden Bescheidenheit, ohne Willkür oder Mißachtung, tut."[9]

Diese Grundsätze sind noch immer gültig und bilden einen integrierenden Bestandteil der ordnungsgemäßen Lehre der Kirche.

So pflegten es übrigens auch die berufensten Heiligen auf dem Gebiet der Mystik zu halten. Aus dem Leben der heiligen Teresa von Avila erzählt man eine Begebenheit, die ihre kirchliche Gesinnung auf bemerkenswerte Weise erhellt:

„Es ist Pater Gratians Wunsch, daß die Heilige in Sevilla ein Kloster gründet. Sie sagt ihm, daß sie Madrid vorziehe und begründet es. Pater Gratian meint, sie möge den Herrn fragen, welchen der beiden Orte er bevorzuge.

Sie tut es und antwortet: Madrid.

Pater Gratian bleibt bei seiner Meinung.

Sie ist schlicht bereit, ihm zu folgen.

Von dieser Fügsamkeit betroffen, sagt Pater Gratian, der sie zwei Tage lang gewähren ließ, zu ihr: ‚Wie konntet Ihr meine Meinung einer Offenbarung vorziehen, deren Ihr sicher wart?' Antwort: ‚In der Beurteilung der Wahrheit einer Offenbarung kann ich irren, aber ich werde stets in der Wahrheit sein, wenn ich meinen Oberen gehorche'."

Durch eine Teresa von Avila, die sich gerne „Tochter der Kirche" nannte, vernimmt man das Echo der großen Mystiker, die, gleich was es sie manchmal kosten mochte, ihre Treue zu Gott in der Kirche lebten.

c) Das Sprachengebet

Einer der klassischen Einwände gegen die Erneuerung geht von der Art und Weise aus, wie dieses Gebet sich zeigt und von der Theologie, die ihm oft zugrundeliegt.

Der heilige Paulus verachtet die „Zungenrede" nicht: Er bekennt, daß er sie ausübt, aber er stellt sie auf einen untergeordneten Platz.

Man soll sie also weder ablehnen, noch ungebührend überschätzen, so, als wäre diese Gabe der Test der Geisttaufe (nach der geläufigen Deutung der Pfingstler); oder auch als handle es sich um das Reden in Fremdsprachen, die derjenige, der diese symbolische Sprache bekennt, nicht gelernt hat.

Eine solche Art des Gebetes, das freier und spontaner ist als das Formelgebet, hat ihre Berechtigung und ihren Sinn. An anderer Stelle habe ich schon von den aus ihm erfließenden, erfreuenden spirituellen Wirkungen und von den Gründen gesprochen, weshalb ich, nachdem ich Erfahrungen machte, meinerseits nicht zögere, es zu den Früchten der Gnade der charismatischen Erneuerung zu zählen[10].

d) Das Heilungsgebet

Man staunt beim Lesen der Heiligen Schrift, welch breiten Raum (ein Fünftel der Evangelien) der Heilungsdienst im Leben Jesu und der Apostel einnimmt.

Auf diesem Gebiet ist eine Neubewertung angebracht. Ein bedeutender Schritt wurde bereits unternommen, um das Sakrament der Krankensalbung, das einst den Sterbenden vorbehalten war, neu zu beleben und dessen Wohltat vielen zugänglich zu machen. Aber über die Neubelebung des sakramentalen Dienstes der Heilung hinaus muß das Einzel- oder Gemeinschaftsgebet für die Kranken in unserer Pastoral wieder voll und ganz seinen Platz einnehmen. Es sind in dieser Richtung beachtenswerte Erfahrungen im Gange.

Sosehr es aber notwendig ist, die Gabe der Heilung zu fördern, sosehr muß man doch vor allen aufsehenerregenden Inszenierungen auf der Hut sein, desgleichen vor hartnäckig oder leichtfertig behaupteten „physischen" Wundern. Das Gebet um innere Heilung hat seinen Eigenwert. Voraussetzung ist freilich, daß man nicht in einem Gesundbetungsglauben in der Art des „Faith healing" landet, der auf die wissenschaftliche Medizin verzichtet. Und Voraussetzung ist auch, daß es sich um eine gediegene Theologie des Gebetes, des Leidens und des Wunders handelt, die keinen mißbräuchlichen Vereinfachungen unterliegt.

e) Befreiung, Exorzismus

Die Charismatische Erneuerung trägt dazu bei, den Heilungsdienst in der täglichen kirchlichen Praxis wieder lebendig zu machen.

Dieser sehr positive Aspekt bringt jedoch einige heikle Probleme mit sich, wenn der Heilungsdienst zum Gebet um „Befreiung" oder sogar zu „Exorzismen" erweitert wird.

Trotz einer derzeitigen Begriffsvermengung ist der Sinngehalt der beiden Ausdrücke nicht derselbe. Genau genommen ist zu unterscheiden zwischen Bedrängnis (oppression), Zwang (obsession) und Besessenheit (possession).

Der Begriff ,,Befreiung" bezieht sich formal gesehen nur auf echte Fälle von Zwang; er sollte nicht aus diesem Zusammenhang gelöst und für jede Gebetsform gegen böse Geister verwendet werden.

Desgleichen sollte der Begriff ,,Exorzismus" nur dann gebraucht werden, wenn man sich damit auf die Heilung eines vermuteten Falles von Besessenheit bezieht. Exorzismus beinhaltet einen direkten Einspruch gegen die bösen Geister, um sie auszutreiben.

Exorzismus- oder Heilungsgebete haben die Bekämpfung der Mächte des Bösen zum Ziel. In der Praxis der Charismatischen Erneuerung wird allgemein vorausgesetzt, daß diese Gebete sehr selten Fälle von dämonischer Besessenheit mit einschließen. Vielmehr handelt es sich meistens um Fälle von Zwang im klassischen Sinne oder auch um leichtere Wirkungsformen böser Geister.

So viel zur Terminologie. Doch die Frage, die sich nun erhebt, lautet: Was haben wir von diesen Formen des geistlichen Dienstes zu halten, wie sie in der Katholischen Charismatischen Erneuerung praktiziert werden?

Die Gegenwart des Bösen

Immer schon erkannte die Kirche die Tatsache an, daß der Böse bis ans Ende aller Zeiten auf geheimnisvolle Weise in der Menschheitsgeschichte und im menschlichen Herzen am Werk ist.

Papst Paul bekräftigte vor kurzem in einer kraftvollen Erklärung, daß wahrhaft Gläubige die Existenz der Mächte des Bösen und des Fürsten der Finsternis nicht anzweifeln können:

,,Der Böse ist nicht nur ein Mangel, es ist das Werk eines lebendigen, geisterhaften, verderbten und verderbenden Wesens. Er ist schreckliche, geheimnisvolle und furchtbare Wirklichkeit. Jene, die sich weigern, seine Existenz anzuerkennen . . . , oder ihn als Pseudorealität, als bloße Erfindung, darstellen, als Hirngespinst, das zur Personifizierung der unbekannten Ursachen unserer Übel dient, entfernen sich von der Lehre der Bibel und der Kirche. Christus bezeichnet ihn als den ,Menschenmörder von Anfang an', als den ,Vater der Lüge' (vgl. Jo 8, 44–45). Heimtückisch bedroht er das moralische Gleichgewicht des Menschen. Freilich läßt sich nicht jede Sünde dem Wirken des Teufels direkt zuschreiben. Doch ist es ebenso wahr, daß der, der nicht streng über sich wacht (vgl. Mt 12, 45; Eph 6, 11), dem Einfluß des ,Geheimnisses der Gesetzlosigkeit' ausgesetzt ist, von dem Paulus spricht (2 Thess 2, 3–12), und sein Seelenheil aufs Spiel setzt."

Christi Sieg

Gleichzeitig verkündet die Kirche, daß sie im österlichen Mysterium von Christi entscheidendem und endgültigem Sieg über den Tod und das Böse verwurzelt ist.

Christi Sieg ist in seiner Kirche durch die Sakramente gegenwärtig; auf einzigartige Weise in der Eucharistie, die uns die wunderbare Heilsmacht des Herrn bringt, der in uns zur Quelle der Auferstehung ,,des Leibes und der Seele" wird, wie die Liturgie sagt.

Auch im Sakrament der Versöhnung und durch die Krankensalbung offenbart sich der Sieg Christi über das Böse und den Tod.

Der christlichen Gemeinschaft in ihrer Gesamtheit kommt in Verbindung mit dem sakramentalen Dienst des Priesters eine bedeutsame Rolle zu: die aktive Teilnahme der Gemeinschaft stärkt die sakramentale Basis des Heilungsdienstes und erfüllt das Sakrament mit Leben.

Demzufolge nimmt auch der nicht-sakramentale Heilungsdienst im kirchlichen Leben einen wichtigen Raum ein. Diese Heilungsgebete sind kein Ersatz für die Sakramente, vielmehr tragen sie zu deren Aufwertung bei.

Dieser ständige Bezug auf die sakramentale Rolle der Kirche wird dort am wesentlichsten, wo man das heikle Gebiet des Gebetes um Befreiung betritt.

Dämonenfurcht

Sie sollte sorgsam vermieden werden. Es ist eine List des Bösen, die Aufmerksamkeit mehr auf sich und seine Werke als auf Jesus und sein Ostergeheimnis zu lenken.

Wenn ein Fall von ,,Besessenheit" aufzutreten scheint, muß man sich dessen bewußt sein, daß ein formaler Exorzismus nach dem Kirchenrecht nur vom zuständigen Bischof oder dessen Vertreter genehmigt werden kann.

Was die inoffiziellen Formen des Exorzismus- oder Befreiungsgebetes anbelangt, in dem der oder die Teufel direkt namentlich genannt werden, so sollte man dies im Hinblick auf die Bedeutung dessen, was dabei auf dem Spiel steht, nie der Privatinitiative überlassen. Nur geistig reife, pastoral erfahrene und entsprechend ausgebildete Geistliche sollten die ,,Befreiung" praktizieren. Denn sie unterstehen immer der bischöflichen Autorität.

Man sollte jede unbedachte Rede über ,,böse Geister" unterlassen, als gebe es nicht die damit verbundenen geistigen, psychologischen, medizinischen oder exegetischen Probleme.

In Fällen, die eine Angelegenheit des Exorzismus und der „Befreiung" zu sein scheinen, sollte man ebenso den geistigen, psychologischen oder medizinischen Faktoren einen entsprechenden Platz einräumen. Erst kürzlich wurde die kirchliche Lehre, nach dem tragischen Ausgang eines von zwei Priestern unbedacht durchgeführten Exorzismus, durch die Deutsche Bischofskonferenz diesbezüglich neu formuliert:

„Abgesehen von diesem speziellen Fall, möchten die Bischöfe alle Priester und Gläubigen darauf hinweisen, daß erst nach sehr sorgfältiger Überprüfung bei einem Kranken Besessenheit angenommen werden darf. Phänomene von Krankheit – in welcher Form sie auch immer auftreten – dürfen nicht vorschnell dem unmittelbaren Einwirken böser Geister zugeschrieben werden . . . Andererseits können weder eine falsche Auslegung der traditionellen Lehre noch unberechtigte Praktiken, noch Erklärungen einzelner Theologen es rechtfertigen, den Inhalt unseres Glaubens außer acht zu lassen. Man kann die zahlreichen Seiten in der Bibel nicht einfach ungeschrieben machen, in denen die Macht und Herrschaft der Engel und des Teufels erwähnt sind." (Vgl. Teufel, Dämonen, Besessenheit, hrsg. v. Walter Kasper und Karl Lehmann, Mainz ^{2}1978; Heribert Mühlen, Glaube – Heilung – der Teufel, Erneuerung in Kirche und Gesellschaft, Heft 4 [1978], S. 32–35 [Domplatz 3, D-4790 Paderborn].)

In seinem Kommentar zu diesem jüngsten schmerzlichen Ereignis meinte Kardinal Ratzinger aus München, daß eine gründliche Überarbeitung des „Rituale Romanum", dem liturgischen Werk, in dem Gebete zum Exorzismus enthalten sind, unabdingbar sei.

Wir müssen darauf bedacht sein, bezüglich der Gegenwart „böser Geister" eine Psychose und ein Angstklima zu vermeiden; wir sollten vielmehr betonen, daß Jesus uns von den Mächten der Finsternis erlöst hat.

Die Auffassung der Kirche

Es entstand der Eindruck, die Kirche habe die Wirklichkeit der bösen Mächte verharmlost, seit nach dem II. Vatikanischen Konzil manche Hinweise darauf aus der Liturgie herausgenommen wurden und einige Theologen ihre Existenz in Frage stellten.

Wir müssen erkennen, daß ein Vakuum erzeugt wurde, und die

kirchliche Obrigkeit nun für eine verbindliche und fundierte Lehre in dieser Angelegenheit zu sorgen hat.

Es wäre wünschenswert, wenn die kirchliche Obrigkeit eine internationale Theologen-Kommission dazu bestimmte, die Angelegenheit eingehend zu prüfen und die traditionelle Lehre in bearbeiteter Fassung neu vorzulegen.

Es ist äußerst wichtig, daß jeder Katholik die Auffassung der Kirche zu erkennen sucht, so wie sie sich heute im lebendigen Lehramt darstellt.

Der Heilungsdienst gehört zur Kirche und ihrer pastoralen Aufgabe. Die Kirche empfängt den Geist, um das Volk Gottes zu führen, es in die Fülle der Wahrheit einzuweisen und diese Wahrheit in die pastorale Praxis umzusetzen.

In Missionsländern, in denen Christen konfrontiert sind mit einem volkstümlichen und animistischen Glauben, der andere Verwirrungen hervorruft, muß das Problem der „Besessenheit" gesondert untersucht werden. Die zuständigen Bischöfe sollten entsprechende pastorale Richtlinien für diese Länder herausgeben.

Ein heikles ökumenisches Problem

Einerseits können wir nicht mit einer naturalistischen und rationalistischen Ablehnung der Existenz der Mächte der Finsternis übereinstimmen. Ebensowenig können wir aber eine fundamentalistische Auslegung der Schrift anerkennen, die die Rolle böser Geister überbetont.

Laienkatholiken sollten Exorzismen oder andere inoffizielle Gebetsformen zum Exorzismus, oder das Gebet um Befreiung nicht ohne die kirchlichen Richtlinien vollziehen.

Bei unserer gemeinsamen Bemühung um eine größere Glaubwürdigkeit im Kampf gegen den Bösen sollten, um eines wahren Ökumenismus willen, unsere Brüder aus anderen Traditionen teilnehmen an der Weisheit der katholischen Kirche.

f) Ein parapsychologisches Phänomen: Die Geist-Ohnmacht

Ihr Wesen

Dieses psychische beziehungsweise psycho-sensorische Phänomen ist unter verschiedenen Bezeichnungen bekannt. Im Englischen spricht man von „slain in the Spirit" oder „resting in the Spirit". Im Französischen nennt man es „évanouissement" oder „repos dans l'Esprit".

Unter diesen verschiedenen Bezeichnungen handelt es sich um ein Phänomen, das mitunter im Zusammenhang mit religiöser Erschütterung, mit Gebet oder mit Ermahnungen aus den Evangelien auftaucht. Man begegnet ihm aber auch in nicht-religiösen Versammlungen von hoher emotionaler Intensität.

Im religiösen Rahmen geht diese Erscheinung von der Geste eines ,,Heilers" aus, der die Hände ausbreitet oder die vor ihm stehende Person berührt, worauf diese zu Boden stürzt und dort eine Zeitlang in einem Zustand mehr oder minder tiefer Bewußtlosigkeit verbleibt. Diese herbeigeführte ,,Ohnmacht" erweckt bei manchen Menschen den Eindruck von Entspannung und innerem Frieden und wird gleichsam als Antwort auf die Geste der Hingabe an den allem zugrundeliegenden Heiligen Geist aufgefaßt.

Es kommt vor, daß sich dies in breiterem Rahmen ereignet, zum Beispiel bei ,,Heilungs- und Wundergottesdiensten", die wegen des Rufs berühmter Heiler verschiedener religiöser Herkunft große Menschenmengen anziehen.

Viele Christen glauben, daß es sich dabei um ein mystisches Phänomen handelt, um eine besondere und aufsehenerregende Gnade, die der Heilige Geist seiner Kirche für unsere heutige Zeit vorbehalten habe. Wie soll man darüber denken?

Ihre Bedeutung

Zur rechten Einordnung dieses Phänomens muß man zunächst feststellen, daß es sich um nichts Neues handelt. Es steht in gewisser Beziehung zu den Erscheinungen der ,,Ekstase" und der Trance, und ähnliche Erfahrungen finden sich nicht nur bei den Religionen der Vergangenheit, sondern heute noch bei verschiedenen Sekten, sowohl im Orient wie auch bei primitiven afrikanischen und lateinamerikanischen Stämmen.

Es ist auch wichtig zu wissen, daß Kundgebungen dieser Art im Verlauf christlicher Erweckungen, besonders im 18. und 19. Jahrhundert, auftraten, und daß sie am Beginn vieler Spaltungen und Sektenbildungen innerhalb des Protestantismus stehen.

David du Plessis, der bekannte Führer der Pfingstler, warnte die Katholiken mehrmals vor einer übertriebenen Vorliebe für diese Art von Kundgebungen, die er bedauert.

Man muß auch festhalten: Selbst wenn die Personen, die sich solchen Erfahrungen überlassen, gewisse Wirkungen der Entspannung und des inneren Friedens spüren oder zu spüren glauben, bedeutet dies keineswegs, daß dieses Phänomen übernatürlich ist.

Dabei können parapsychologische Vorgänge, die das Unterbewußte mit hineinziehen, Autosuggestion oder selbst Hypnose eine gewisse Rolle spielen. Dies läßt jedoch nicht den Schluß zu, daß es sich dabei um ein direktes Eingreifen Gottes handle. Die innere Erwartungsbereitschaft der Personen, die sich dieser Erfahrung unterziehen, können diese subjektiven Empfindungen erklären, ohne daß man dabei auf eine übernatürliche Erklärung zurückgreifen muß.

Dieses Phänomen ist, wie wir sagten, nicht unbedingt ein religiöses. Diese Art des Schwindens der Sinne zeigt sich regelmäßig bei Pop-Festivals und Rock-and-Roll-Konzerten. Es gibt daher keinen berechtigten Grund dafür, sie einem direkten Eingreifen des Heiligen Geistes zuzuschreiben[12].

Zusammenfassend: Man muß sich den Bischöfen anschließen, die bezüglich der Erneuerung vor einer Überbetonung des Emotionalen und vor einem übertriebenen Supranaturalismus warnen: Es ist wichtig, daß sich die Führer der Charismatischen Erneuerung nicht zu dieser Art pseudo-mystischer Äußerungen hergeben; sie könnten die Erneuerung, wenn sie damit in größerem Maßstab in Verbindung gebracht würde, nur in Verruf bringen.

VI.
ALLGEMEINE PASTORALE RICHTLINIEN

Ehe auf die konkreten Einzelheiten jener Situationen eingegangen werden soll, in denen der Ökumenismus erlebt wird, soll die allgemeine Einstellung festgehalten werden, die jeder einzelne, unabhängig von seiner eigenen religiösen Herkunft, einnehmen muß.

Diese Vorbedingungen für alles Ökumenische können in zwei Geboten zusammengefaßt werden, deren eines positiv ist: Achtung vor der Freiheit des Gewissens, und das andere negativ: Ausschluß jeglicher Proselytenmacherei, die diese Freiheit mißachten würde. Wir wollen kurz auf diese zwei Forderungen eingehen.

1. Die Gewissensfreiheit

Es ist bekannt, wie sehr man in der Vergangenheit darum kämpfen mußte, bis die Pflicht und folglich die Freiheit eines jeden, seinem angemessen gebildeten und unterrichteten Gewissen zu folgen, als oberstes Gebot Anerkennung fand. Die schrecklichen Religionskriege, die Inquisition, der Gewissenszwang ganzer Völker nach dem Grundsatz des Westfälischen Friedens (cuius regio – eius religio) – allerdings war dies damals die allen gemeinsame brutale Form –, all das gehört glücklicherweise der Vergangenheit an, obgleich Folter und Irrenanstalten leider noch immer von brennender politischer Aktualität sind. Aber auf religiösem Gebiet gibt es heutzutage subtilere Formen ungerechtfertigten Gewissenszwanges, und darum muß am Anfang jeglicher ökumenischer Annäherung sehr deutlich zu der uneingeschränkten Achtung vor dem Gewissen Stellung genommen werden. Dies schließt keineswegs die Verpflichtung aus, den eigenen Glauben zu bezeugen, doch stellt es eine Art Verhaltenskodex auf. Diese notwendige Gewissensfreiheit wurde vom II. Vatikanischen Konzil besonders hervorgehoben, das in diesem, wie in so vielen anderen Punkten, einen entscheidenden Schritt zur Klärung machte.

Die *Erklärung über die Religionsfreiheit* brachte dies folgendermaßen zum Ausdruck (Nr. 2):

„Das Vatikanische Konzil erklärt, daß die menschliche Person das Recht auf religiöse Freiheit hat. Diese Freiheit besteht darin, daß alle Menschen frei sein müssen von jedem Zwang sowohl von seiten einzelner wie gesellschaftlicher Gruppen, wie jeglicher menschlichen Gewalt, so daß in religiösen Dingen niemand gezwungen wird, gegen sein Gewissen zu handeln, noch daran gehindert wird, privat und öffentlich, als einzelner oder in Verbindung mit anderen – innerhalb der gebührenden Grenzen – nach seinem Gewissen zu handeln. Ferner erklärt das Konzil, das Recht auf religiöse Freiheit sei in Wahrheit auf die Würde der menschlichen Person selbst gegründet, so wie sie durch das geoffenbarte Wort Gottes und durch die Vernunft selbst erkannt wird. Dieses Recht der menschlichen Person auf religiöse Freiheit muß in der rechtlichen Ordnung der Gesellschaft so anerkannt werden, daß es zum bürgerlichen Recht wird.

Weil die Menschen Personen sind, d. h. mit Vernunft und freiem Willen begabt und damit auch zu persönlicher Verantwortung erhoben, werden alle – ihrer Würde gemäß – von ihrem eigenen Wesen gedrängt und zugleich durch eine moralische Pflicht gehalten, die Wahrheit zu suchen, vor allem jene Wahrheit, welche die Religion betrifft. Sie sind auch dazu verpflichtet, an der erkannten Wahrheit festzuhalten und ihr ganzes Leben nach den Forderungen der Wahrheit zu ordnen. Der Mensch vermag aber dieser Verpflichtung auf die seinem eigenen Wesen entsprechende Weise nicht nachzukommen, wenn er nicht im Genuß der inneren, psychologischen Freiheit und zugleich der Freiheit von äußerem Zwang steht. Demnach ist das Recht auf religiöse Freiheit nicht in einer subjektiven Verfassung der Person, sondern in ihrem Wesen selbst begründet. So bleibt das Recht auf religiöse Freiheit auch denjenigen erhalten, die ihre Pflicht, die Wahrheit zu suchen und daran festzuhalten, nicht nachkommen, und ihre Ausübung darf nicht gehemmt werden, wenn nur die gerechte öffentliche Ordnung gewahrt bleibt."

2. Proselytismus, Verneinung der Gewissensfreiheit

Dieser Ausdruck wurde im Sprachgebrauch mehr und mehr zu einem Synonym für Unterdrückung, Gewissensmanipulation und Verletzung der Freiheit. In dieser negativen Bedeutung soll er hier analysiert werden. Es ist augenscheinlich, daß dieser Typ von ungehöriger Überredung einer Verneinung des Ökumenismus gleichkommt.

Manchmal nimmt der Proselytismus deutlich aggressive Formen an, manchmal geht er schlauer vor, wie er aber auch handeln oder aussehen mag, auf alle Fälle müssen sich die Christen von ihm fernhalten und ihn ablehnen. Niemand hat das Recht, Menschen an sich zu locken, indem er andere in einseitigem und tendenziösem Licht darstellt. Es ist so leicht, sich auf „die Wahrheit und ihre Rechte" zu berufen, wenn man dabei vergißt, daß nur Jesus Christus „voll der Gnade und Wahrheit" in die Welt gekommen ist, und wenn man außer acht läßt, daß die Wahrheit und der Besitz der Wahrheit zweierlei Ding ist. Dieser Unterschied stellt die eigene Überzeugung keineswegs in Frage und ebensowenig die uneingeschränkte Treue zum eigenen Glauben, aber er verhindert, daß – auf sprachlicher Ebene, die den Glauben ausdrückt, und auf Gewissensebene, die ihn aufnimmt – eine Wahrheit verabsolutiert wird, die mich selbst richten wird und die größer ist als ich. Der Fanatismus ist nicht die Frucht des Glaubens, sondern seine Karikatur und stets ein schwerer Mangel an Liebe: Wahrheit und Liebe sind eins. Gott ist zugleich Wahrheit und Liebe, so wie die Sonne untrennbar Licht und Wärme zugleich ist. Das Christentum ist nur dann echt, wenn es die Güte und das Zartgefühl Gottes in einem Menschenherzen ist.

Ein wichtiges von einer gemischten Theologenkommission vorbereitetes Dokument wurde von einer Arbeitsgruppe, die sich aus Vertretern der katholischen Kirche und des Weltkirchenrates zusammensetzte, ausgearbeitet und zur Veröffentlichung gebracht. Dieses wurde vom Weltkirchenrat anläßlich einer Versammlung (Mai 1970) empfohlen.

Zum ungehörigen Proselytismus heißt es da:

„Einige Spannungsmomente zwischen den Kirchen sind schwer zu überwinden, denn was eine Kirche aus ihrer theologischen und ekklesiologischen Überzeugung heraus unternimmt, wird von einer anderen als verstecktes Proselytentum angesehen. In diesem Fall ist es notwendig, daß beide Seiten zu klären versuchen, was wirklich in Frage steht, und zu einem gegenseitigen Verständnis verschiedener Praktiken und, wenn möglich, zu einem Übereinkommen über ein gemeinsames Vorgehen gelangen. Das kann nur gelingen, wenn bei der Durchführung dieser theologischen und ekklesiologischen Überzeugungen jede Art von Zeugnis klar ausgeschlossen bleibt, das von dem oben beschriebenen Proselytentum befleckt erschiene. Einige Beispiele solcher Spannungen:

Oft wird der Umstand als Proselytenmacherei angesehen, daß eine Kirche, die ihre Taufe den Erwachsenen vorbehält („believer's baptism"), schon als Kinder getaufte Gläubige anderer Kirchen dazu überredet, die Taufe nochmals zu empfangen. Eine Auseinandersetzung über die Natur der Taufe und über ihr Verhältnis zu Glaube und Kirche könnte neue Einstellungen schaffen.

Die Übung mancher Kirchen bei Eheschließungen ihrer Angehörigen mit Christen aus anderen Gemeinschaften wird oft als ungehörig angesehen. Tatsächlich hängen diese Regeln von theologischen Positionen ab. Gespräche über das Wesen der Ehe und die Kirchenzugehörigkeit der Familie könnten Fortschritte bringen und die pastorale Frage solcher Eheschließungen gemeinsam lösen.

Die Orthodoxen sind der Ansicht, die Existenz der katholischen Ostkirchen sei die Frucht ungehöriger Anlockung. Die Katholiken erheben denselben Vorwurf gegen die Art und Weise, wie manche Kirchen wieder mit der orthodoxen Kirche zusammengeschlossen wurden. Wie die Vergangenheit auch aussehen mag, jedenfalls sind die katholische Kirche und die orthodoxe Kirche entschlossen, nicht nur das Proselytentum abzulehnen, sondern schon die Absicht, Gläubige einer Kirche zu einer anderen herüberziehen zu wollen. Ein Beispiel für dieses Anliegen ist die gemeinsame Erklärung Papst Pauls VI. und Patriarch Athenagoras' I. vom 28. Oktober 1967. Die Lösung dieser Fragen, die für die ökumenische Bewegung von augenscheinlicher Bedeutung ist, sollte in einer freimütigen Diskussion der betroffenen Kirchen angestrebt werden."[1]

Es versteht sich von selbst, daß diese Warnung vor einem ungehörigen Bekehrungseifer keineswegs der Verpflichtung jedes Christen widerspricht, seinen Glauben je nach den Umständen, in denen er sich befindet, ausdrücklich zu bekennen.

Jeder einzelne muß jederzeit bereit sein, für die „Hoffnung, die ihn beseelt, Rechenschaft abzulegen". Wir denken dabei insbesondere an jenes Proselytentum, das davon keine Kenntnis hat, weil es bei der ökumenischen Begegnung von den Anforderungen unseres Glaubens nichts weiß und sie folglich nicht respektieren kann.

3. Voraussetzung eines echten Dialogs

Von dem Ausdruck „Dialog“ machen wir einen großzügigen Gebrauch. Er wird angewendet und er wird mißbraucht. In der Tat erlebt man oft unter dem Mäntelchen des Dialogs weiter nichts als gegenseitig unterbrochene Monologe. Das ist etwas ganz anderes.

Wir wollen hier nun einige Regeln für den ökumenischen Dialog darlegen, deren Ziel es ist, die Achtung vor dem Gewissen und die Öffnung für den anderen miteinander zu verbinden[2].

a) Der anfängliche Gesichtspunkt

Wir müssen begreifen, daß das Ausgangskriterium auf beiden Seiten verschieden sein wird. Sich darüber nicht Rechenschaft ablegen hieße, jeden Dialog von vornherein zur Unfruchtbarkeit verurteilen. In der Diskussion mit einem katholischen Theologen sagte Jean Bosc, ein reformierter Pastor: „Ihr geht von der Fülle aus, und wir von der Authentizität.“ Allzuoft hören die Christen in ihren gegenseitigen Beziehungen nicht aufeinander, und das ist schlimm. Sie müssen lernen, zugleich von der Fülle und von der Authentizität ausgehend zu urteilen. Es ist wichtig, daß man den vollkommen guten Glauben des anderen niemals bezweifelt: Das ändert vollständig das Klima und führt zum erwartenden Zuhören.

b) Schlichtes gegenseitiges Zuhören

Wer Ökumenismus sagt, sagt Lauschen auf Gott, der auch durch unsere getrennten Brüder zu uns spricht. Schon die bloße Existenz uneiniger Kirchen gibt Zeugnis wider uns und klagt uns der Untreue gegenüber dem Evangelium an.

Wären die Christen uneingeschränkt christlich gewesen, so hätte es keinen Bruch gegeben. Auch als getrennte Brüder haben sie uns noch etwas zu sagen: Alles, was heilig ist und vom Evangelium kommt, ist von Gott und vermag uns alle zu bereichern. Ich denke voller Bewunderung an den evangelischen Eifer unserer Brüder der Free Churches, der Evangelikalen und der Pfingstkirchen. Wenn uns ihre Theologie auch zu Vorbehalten zwingt, so sollten ihr Mut und ihr apostolischer Geist doch eine Anregung für uns sein und als Rückwirkung auf die Verknöcherung verstanden werden, die allzu oft auf die „etablierten“ Kirchen lauert.

Unsere Spaltungen sind eine dauernde Aufforderung zur Bekehrung der Herzen. Paul VI. und Patriarch Athenagoras bedauerten in einer gemeinsamen Erklärung die Vergangenheit, die neun Jahrhunderte des Schweigens und „die verletzenden Worte, die unbegründeten Vorwürfe und die tadelnswerten Gesten, welche die traurigen Geschehnisse jener Periode in beiden Lagern kennzeichneten und begleiteten".

Wie sollte man da nicht wünschen, daß jenes Wehen der Demut und der Wahrheit die Krankheitsstoffe beseitigen möge: Es sind noch immer allzu viele Vorurteile und Mißverständnisse zu überwinden.

VII. BESONDERE PASTORALE RICHTLINIEN

A) Die Normen der Kirche

Nachdem wir die ökumenischen Möglichkeiten der Charismatischen Erneuerung untersucht haben, müssen wir uns nun mit den verschiedenen Situationen befassen, in welchen diese Möglichkeiten zur Entfaltung kommen können.

Die allgemeinen, das ökumenische Wirken der Katholiken regelnden Grundsätze wurden in einer Reihe von Dokumenten festgehalten.

Die Achtung vor diesen Prinzipien ist für jeden wahren Ökumenismus wesentlich.

Wir wollen hier nun die wichtigsten Dokumente aufzählen:

Unitatis Redintegratio. Es ist das Basisdokument, das vom II. Vatikanischen Konzil dem Ökumenismus gewidmet wurde.

Ökumenisches Direktorium (Band I und II). Es stellt einen praktischen Leitfaden dar, der vom römischen Einheitssekretariat herausgegeben wurde; eine unerläßliche Ergänzung des obengenannten Dokuments.

Die ökumenische Zusammenarbeit auf regionaler, nationaler und örtlicher Ebene. Das Dokument, das diesen Titel führt, greift bestimmte Grundsätze auf und fügt wichtige Richtlinien hinzu.

Weiters sind die ökumenischen Weisungen der Bischofskonferenzen eines Landes beziehungsweise der Diözesanbischöfe zu berücksichtigen.

Zusammenfassend ist zu sagen, daß eine katholische ökumenische Tätigkeit, um authentisch zu sein, sich bezieht auf

den örtlichen Diözesanbischof und die Diözesan-Kommission für ökumenische Fragen (sofern vorhanden);

die Bischofskonferenz und die nationale ökumenische Kommission;

das römische Sekretariat zur Förderung der Einheit der Christen (für alle Tätigkeiten auf internationaler Ebene).

B) Besondere pastorale Hinweise

Wir denken hier vor allem an die Beziehungen zwischen den Christen der historischen Großkirchen, die ein reiches gemeinsames Erbe haben. Diese Grundsätze können bei den Beziehungen zu Nichtchristen oder zu solchen Gruppen, deren Verbindung mit dem Christentum problematisch ist, nicht unverändert angewendet werden.

Es sollen nun die Probleme aus der Praxis, die sich durch Gebetsgruppen, ökumenische Gruppen im allgemeinen und durch ökumenische Kommunitäten ergeben, der Reihe nach untersucht werden.

1. Katholische Gebetsgruppen

Die katholischen Gebetsgruppen können zwei Arten angehören, je nachdem, ob sie völlig einheitlich sind oder anderen christlichen Teilnehmern offenstehen.

a) Die rein katholischen Gruppen, deren Leiter und sämtliche Mitglieder katholisch sind, haben gleichfalls die Pflicht zur Befragung, wie sie der formellen Aufforderung des Dekrets über den Ökumenismus des II. Vatikanischen Konzils entsprechen können:

„Unter dem Wehen der Gnade des Heiligen Geistes gibt es heute in vielen Ländern auf Erden Bestrebungen, durch Gebet, Wort und Werk zu jener Fülle der Einheit zu gelangen, die Jesus Christus will. Daher mahnt dieses Heilige Konzil alle katholischen Gläubigen, daß sie, die Zeichen der Zeit erkennend, mit Eifer an dem ökumenischen Werk teilnehmen." Diese Aufforderung ist an alle gerichtet.

Die Sorge um die ökumenischen Belange ist umso wichtiger, als die katholischen Angehörigen dieser Gruppen öfters Gelegenheit haben werden, bei Versammlungen oder Kongressen mit Brüdern aus anderen Kirchen oder Gemeinschaften zusammenzutreffen, die an der Erneuerung im Geist teilnehmen. Sie müssen sich daher darauf vorbereiten, an jene mit brüderlicher Liebe, Takt und Achtung vor ihrem spirituellen Erbe heranzutreten.

b) Die anderen christlichen Teilnehmern offenstehenden katholischen Gruppen sind ausdrücklich katholische Gruppen, die auch immer als solche auftreten, die aber nichtkatholische Teilnehmer zulassen.

Die Verantwortlichen solcher Gruppen haben darüber zu wachen, daß das Katholische in ihnen deutlich erkannbar bleibt. Dieser spezifische Charakter sollte normalerweise auf den Einladungen erwähnt werden, die an etwaige Teilnehmer aus anderen christlichen Traditionen gerichtet sind.

Nach dieser Feststellung ergibt es sich von selbst, daß sich die katholischen Mitglieder der Gruppe in ihr ihrer eigenen Tradition gemäß verhalten. Die Anwesenheit einiger Nichtkatholiken sollte sie nicht davon abhalten, laut auszusprechen, was integrierender Bestandteil ihres katholischen Glaubens und ihrer Spiritualität ist:

> Es ist zum Beispiel normal und wünschenswert, daß sie die liturgischen Zeiten und die Kirchenfeste einhalten und feiern;
> daß sie sich vorwiegend von den biblischen Lesungen inspirieren lassen, die die Kirche für jeden Tag auswählt;
> daß sie sich regelmäßig an Maria und die Heiligen wenden und daß sie für spezifisch katholische Anliegen beten (Papst, Bischöfe . . .).

In diesem Zusammenhang soll hier von der derzeitigen Stellung der Kirche zur Frage der Interkommunion die Rede sein sowie von ihrer Auffassung über die Anrufung Mariens und der Heiligen.

Die Interkommunion

Die Stellungnahme der Kirche zu dieser Frage kann man folgendermaßen zusammenfassen: Die eucharistische Feier ist der tiefste gemeinschaftliche Ausdruck ihres Glaubens, ihrer Lehre und ihres inneren Lebens. Die Eucharistie wird von ihr als Zeichen und Siegel der Einheit der Gläubigen, die um den Tisch des Herrn versammelt sind, gelebt; eucharistische Gemeinschaft und kirchliche Gemeinschaft sind in ihrem Glauben wie in ihrer Praxis miteinander verknüpft.

Im übrigen ist die Eucharistie, von einem anderen Gesichtspunkt gesehen, auch ein ,,Viaticum" (= Wegstärkung), das heißt eine Gnade der Einheit, die unter den getrennten Christen nachgelebt und gefördert werden sollte. Diese beiden Gesichtspunkte können miteinander bestehen: Es ist Sache der letzten verantwortlichen Instanz der einzelnen Kirche, das heißt des Bischofs, einer gelegentlichen Interkommunion unter gewissen Voraussetzungen zuzustimmen, die durch ihren Ausnahmecharakter das Grundprinzip wahrt.

So sieht, kurz ausgedrückt, die gegenwärtige Lage aus: sie ist nicht menschlicher Willkür zuzuschreiben, sondern dem schmerzlichen Umstand der Trennung selbst, deren Sinnlosigkeit wir lebhaft empfinden. Dieses Leid muß uns dazu drängen, den Schritt zur Wiedervereinigung zu beschleunigen und unsere Bemühungen zu verstärken. An dieser Situation vorbeizugehen, von der wir alle hoffen, daß sie eine vorübergehende sein möge, ist nicht sosehr ein Akt des Ungehorsams, sondern die ökumenischen Bemühungen um die sichtbare Einheit werden zutiefst gefährdet und aufs Spiel gesetzt, da man sich ja so verhält, als sei diese Einheit schon erreicht. Das hieße, eine Wunde verbinden, ohne die Ursache des Übels selbst zu heilen.

Die Anrufung Mariens und der Heiligen

Die Anwesenheit von Protestanten sollte die katholischen Gruppen nicht davon abhalten, das auszusprechen, was sie in bezug auf Maria glauben. Aber sie sollen es vermeiden, den Ausdruck der Marienverehrung mit solchen Formen zu verbinden, die von irgendeiner Privatoffenbarung ausgehen. Wie wir wissen, gehört eine solche nicht zur Offenbarung und kann als solche nicht einmal den Katholiken als Glaubensgut vorgelegt werden.

Die klassische Lehre der Kirche über die Rolle und die Stellung Mariens wurde im VIII. Kapitel der Konstitution „Lumen gentium" unter dem Titel „*Die selige jungfräuliche Gottesmutter Maria im Geheimnis Christi und der Kirche*" dargelegt. Dieser stark biblische und von ökumenischen Anliegen gekennzeichnete Text wurde durch ein anderes wichtiges Dokument über Maria ergänzt, das von Papst Paul VI. unter dem Titel „*Marialis Cultus*" veröffentlicht wurde.

Diese beiden Dokumente bilden die Grundlage der katholischen Marienverehrung[1].

In einer vor kurzem gehaltenen Ansprache sagte der Papst:

„Manche wollten die katholische Kirche beschuldigen, sie habe Maria, ihrer Sendung und Verehrung, zu große Bedeutung eingeräumt. Sie sehen nicht, daß darin mangelnde Achtung vor dem Mysterium der Menschwerdung und eine Abwendung von der historischen und theologischen Verwirklichung dieses grundlegenden Geheimnisses liegt. Die Verehrung, die die Kirche Maria zuteil werden läßt, schmälert keineswegs die Totalität und Ausschließlichkeit der Anbetung, die Gott allein und Christus als Sohn, eines Wesens mit dem Vater, gebührt. Sie führt uns, ganz im Gegenteil, zu dieser Anbetung und sichert uns den

Zugang dazu, da sie jenen Weg hinaufsteigt, den Christus, um Mensch zu werden, zu uns herabgestiegen ist."[2]

Das Konzil stellte Maria als ,,Bild der in der kommenden Weltzeit zu vollendenden Kirche" in das Geheimnis Christi hinein, das die Gemeinschaft der Auserwählten und Heiligen, die triumphierende Kirche, umfaßt.

Schon von Anfang an feierten die Christen die Erinnerung an diese ,,Wolke von Zeugen", wie es der Hebräerbrief ausdrückt (12, 1). Sie verehrten die Apostel, die Begründer der christlichen Kirchen, die römischen Märtyrer, Ignatius von Antiochien, die Asketen und Mönche. Denn in der Tat, ,,wie die christliche Gemeinschaft unter den Erdenpilgern uns näher zu Christus bringt, so verbindet auch die Gemeinschaft mit den Heiligen uns mit Christus, von dem als Quelle und Haupt jegliche Gnade und das Leben des Gottesvolkes selbst ausgehen" (Lumen gentium, Nr. 50).

Daher können wir uns das Gebet Max Thurians von Taizé zu eigen machen: ,,Gott des Sieges, laß uns die Wolke aller Zeugen schauen, damit wir in den Kämpfen dieser Welt Mut und Kraft finden, nimm ihr Gebet auf, nimm das Gebet Marias vereint mit dem unseren in der Gemeinschaft der Heiligen auf; laß uns im Glauben, in der Frömmigkeit, in der Ausdauer und Heiligkeit dem Beispiel jener Frau folgen, die deine irdische Mutter war und die das Abbild deiner Kirche bleibt, durch Christus, unseren Herrn" (*L'essentiel de la foi,* S. 68).

2. Ökumenische Gruppen

Zu ihnen zählen wir die ökumenischen Gebetsgruppen, die Katholiken, Anglikaner, Protestanten, Orthodoxe . . . vereinen. Diese Gruppen können der Initiative von Mitgliedern einer bestimmten kirchlichen Gemeinschaft entspringen, und daher beispielsweise ,,katholisch-ökumenisch", ,,lutherisch-ökumenisch" usw., oder einfach ,,ökumenisch" sein.

Die ökumenischen Gruppen unterscheiden sich von den Gruppen ohne konfessionelle Bezugnahme.

Letztere gehören einem anderen Typ an: Sie bringen Christen auf der Basis dessen, was ihnen gemeinsam ist, zusammen, ohne mehr zu bedenken, ohne Berücksichtigung ihrer jeweiligen besonderen Eigenart. Dagegen bleiben die wirklich ökumenischen Gruppen auf die zwischen den Christen noch bestehenden Unterschiede bedacht und bemühen sich auf vielfache Weise, die Hindernisse zu überwinden und die Wiedervereinigung der Kirchen voranzubringen. Hierin liegt der wahre Ökumenismus, der mit der Haltung eines „konfessionellen Indifferentismus" nicht zu verwechseln ist.

Folgende Unterscheidung ist angebracht:

a) Ökumenische Gruppen katholischen Ursprungs

Diese kommen für gewöhnlich in Gegenden mit überwiegend katholischem Kult zusammen. Ihre Verantwortlichen und ihre Mitglieder sind mehrheitlich katholisch, doch ist ihre Grundauffassung die, orthodoxe, anglikanische und protestantische Christen daran voll teilnehmen zu lassen.

In einem solchen Fall ist auf die Berücksichtigung des Pluralismus zu achten. Wenn zum Beispiel für die katholischen Angehörigen der Gruppe ein Gottesdienst oder die Feier eines kirchlichen Ereignisses organisiert werden soll, so müssen andere gleichartige oder ähnliche Feiern auch für die übrigen Konfessionen vorgesehen werden.

b) Ökumenische Gruppen plurikonfessionellen Ursprungs

Sie kommen im allgemeinen in solchen Gebieten zustande, wo mehrere Konfessionen nebeneinander bestehen; ihre Führung setzt sich aus einem Stab Verantwortlicher zusammen, die die vorhandenen Konfessionen nach dem Grundsatz der Gleichberechtigung vertreten.

Die ökumenische Berufung dieser Gruppen kann auf zwei wichtige Arten zum Ausdruck kommen:

aa) Durch ein ausdrückliches Bemühen um Annäherung als Beitrag zur sichtbaren Einheit der Kirche Christi. Normalerweise ist ein derartiges Wirken die Sache spezialisierter Gruppen, die zu diesem Zweck von ihren Kirchen delegiert werden. Es kommt aber auch vor, daß derartige Aktivitäten von den Verantwortlichen der Charismatischen Erneuerung organisiert werden, ja sogar, daß aus der Erneuerung hervorgegangene Dialoggruppen ähnliche Zusammenkünfte auf lokaler Ebene abhalten.

bb) Durch ein gemeinsames Engagement bei gemeinschaftlichen Aufgaben und Missionen (apostolische Aktionen, spirituelle Erneuerung usw.).
Die Teilnehmer solcher Wirkungsbereiche kommen in ihrer Eigenschaft als Brüder und Schwestern im Herrn, und nicht als

Vertreter ihrer jeweiligen Kirchen zusammen. Sie sollen bei dieser Gelegenheit ihren eigenen Glauben in aller Freiheit ausdrükken, wobei sie darauf achten mögen, den Glauben der anderen zu respektieren. Normalerweise wird ihre Aufmerksamkeit auf das Einende und auf das gemeinsame Endziel gerichtet sein. Sie werden also die Meinungsverschiedenheiten nur in dem Maß hervorheben, als es ihnen helfen kann, mit der gemeinsamen Aufgabe besser voranzukommen.

Folgende Richtlinien werden die ökumenischen Gruppen berücksichtigen müssen:

a) Jeder Mensch ist verpflichtet, seinem eigenen, angemessen aufgeklärten und unterrichteten Gewissen zu folgen und dem Geist, wohin er führen will, doch muß im ökumenischen Zusammenhang als allgemeine Regel vorausgesetzt werden, daß auf religiösem Gebiet jeder sich selbst treu bleibt. Das bedeutet, daß in einer ökumenischen Gruppe alles vermieden werden soll, was als eine Form des Gewissensdrucks aufgefaßt werden könnte. Sofern es einen Kirchenübertritt gibt, ist Diskretion geboten.

b) Die in einer ökumenischen Gruppe erteilte Unterweisung darf den Lehren nicht widersprechen, die von den in der Gruppe vertretenen Kirchen festgehalten werden. Manchmal wird es notwendig sein, ausdrücklich darauf hinzuweisen, daß ein bestimmtes Problem nur aus Sorge um die Eintracht nicht angeschnitten wird, da man das Schweigen sonst als eine Art von Bagatellisierung des einen oder anderen Punkts der Lehre deuten könnte.

c) Die Verantwortlichen der Gruppe, die die verschiedenen Traditionen vertreten, müssen das Recht haben, gegen jede Unterweisung oder Tätigkeit, die der Treue zu ihrer eigenen Kirche widersprechen würde, ein „Veto" einzulegen.

Aus diesen Grundsätzen ergibt sich logisch, daß die Verantwortlichen der katholischen Charismatischen Erneuerung für die Lebendigkeit des katholischen Glaubens ihrer Mitglieder Sorge tragen müssen. Diese Verantwortlichen müssen nicht unbedingt irgendeiner besonderen Gruppe angehören. Manchmal wird sich diese Verantwortung auf städtischem oder regionalem Gebiet auswirken. Eine derartige Aufgabe kann manchmal von einem qualifizierten Laien übernommen werden, ohne daß dieser selbst ein führendes Mitglied der Erneuerung sein muß.

Die Katholiken brauchen eine entsprechende religiöse Bildung, die sie befähigt, ihren Glauben zu begründen.

Sie brauchen für ihr Leben einen Rahmen, in dem sich ihr Glaube entfalten kann.

Die ökumenische Gruppe kann nur dann voll und ganz gelingen, wenn die Mitglieder solchen Kirchen angehören, die ihrerseits für den Ökumenismus und für die gegenseitige Achtung aufgeschlossen sind.

Wenn ein größerer Teil der Mitglieder oder die Leitung der Gruppe selbst diesen Kriterien nicht entspricht oder der katholischen Kirche sogar feindselig gegenübersteht, wird es außerordentlich schwierig, eine wirklich ökumenische Vereinigung zustandezubringen. In einem solchen Fall wird es für einen Katholiken schwierig, ja sogar unmöglich sein, weiterhin an einer solchen Gruppe teilzunehmen und gleichzeitig seinen eigenen Glauben vollständig zu bewahren.

3. Ökumenische Lebensgemeinschaften

Die christlichen Lebensgemeinschaften fordern ihre Mitglieder zu einem stärkeren Einsatz und zu einer intensiveren Teilnahme auf als die Gebetsgruppen. Sie werfen somit Fragen besonderer Art auf.

Es ist daher angezeigt, die ,,Gebetsgruppen", die als Folge der charismatischen Erneuerung überall auf der Welt entstehen, von den ,,Lebensgemeinschaften" zu unterscheiden, die vielfach auftreten. Diese Gemeinschaften können verschiedene Formen annehmen und gemeinsame Haushalte führen oder nicht; ihre Zusammensetzung ist verschieden, je nachdem, ob sie Verheiratete oder Unverheiratete, Männer oder Frauen umfaßt, die sich mit gleichfalls verschiedenartigem Einsatz (auf Lebenszeit oder auf zeitliche Verpflichtung) dem Herrn weihen.

Schließlich können solche Gemeinschaften ökumenisch sein oder nicht, je nachdem, ob sie Christen aus verschiedenen Konfessionen um sich sammeln. Die Struktur einer ökumenischen Gemeinde im eigentlichen Sinn muß sorgfältig abgegrenzt und – die Katholiken betreffend – mit dem lokal zuständigen Bischof oder mit der von der Hierarchie eines Landes eingesetzten nationalen ökumenischen Kommission im voraus abgesprochen werden.

Es geht um die Übereinstimmung dessen, was erforderlich ist, um den Eigencharakter der engagierten Katholiken und ihre Treue zum wahren Ökumenismus uneingeschränkt und vorrangig zu respektieren, so wie wir es im IV. Kapitel darzulegen versuchten.

Es muß ihnen so bald als möglich eine theologische und geistliche

Ausbildung zugesichert werden, die auf der vollen katholischen Überlieferung, in Übereinstimmung mit den Richtlinien der verantwortlichen katholischen Autorität, gründet. Diese ,,Ausbildung" wird übrigens infolge des ökumenischen Zusammenhangs auch mit den dazu notwendigen (sachlichen) ,,Informationen" Hand in Hand gehen müssen.

Man wird sich freuen, wenn es einer Gruppe von Theologen der verschiedenen christlichen Kirchen gelungen sein wird, einen gemeinsamen ökumenischen Katechismus zu verfassen, doch entbindet das den Katholiken nicht von der Pflicht, eine eigene katechetische Ausbildung zu erhalten. Dasselbe gilt für das ,,Seminar über das Leben im Geist", das in der Tat ein gegenwärtig in hunderttausenden Exemplaren verbreiteter ökumenischer Katechismus ist. Der Katholik soll ja über eine Einführungshilfe verfügen können, die seinen Glauben auf dem Weg, den er zu gehen hat, in die Tat umsetzt.

Es ist bekannt, welche Bedeutung die Synode des Jahres 1977 der Erwachsenenkatechese sowie allen Formen eines Neo-Katechumenats für schon getaufte und gefirmte Erwachsene beimaß. Sie können die Anforderungen des Christentums aber erst durch eine persönliche und lebendige Begegnung mit dem Herrn entdecken.

Zu denselben Ansprüchen auf Authentizität fühlen sich auch unsere christlichen Brüder aus den anderen historischen Großkirchen berechtigt. Aus verschiedenen Gründen werden sie von den ,,freien" oder pfingstlichen Kirchen vielleicht weniger stark empfunden. Man darf aber hoffen, daß die Entwicklung auch dort ihren Lauf nehmen wird. In Erwartung einer in der Einheit der Herzen sich ereignenden vollen Klarheit wollen wir kurz einige pastorale Richtlinien darlegen, die wir etwas eingehender ausführen müssen:

Eine ökumenische Lebensgemeinschaft muß von dem Bischof der Diözese, in der sie begründet wurde, genehmigt werden und in Gemeinschaft mit ihm tätig sein.

Sofern sich ein Problem ergibt, das das Leben eines Gemeindemitglieds berührt, ist die Anwendung folgender Grundsätze geboten:

1. Fragen, die an die Kirchenzugehörigkeit rühren, müssen direkt mit den Verantwortlichen dieser Kirchen geregelt werden. Der kirchliche Standpunkt hat Vorrang.
2. Fragen rein gemeinschaftlichen Charakters, die das geistliche Leben nicht betreffen, sind direkt mit den Verantwortlichen der Gemeinschaft zu regeln.

3. Wenn eine Frage zugleich vom kirchlichen wie vom gemeinschaftlichen Bereich abhängt, sollen die Verantwortlichen beider in Verbindung treten, um die Schwierigkeit zu beheben.
4. Sofern sich im Bereich des theoretischen oder praktischen Ökumenismus eine Frage der Lehre ergibt, ist der Bischof die höchste Autorität, mit dem die katholischen Verantwortlichen der Gemeinschaft in ständigem Kontakt sein sollen.

Das Thema ist schwierig und neu. In manchen Punkten erinnert es an die seelsorglichen Schwierigkeiten bei Mischehen, wo es nicht mehr darum geht, für ,,getrennte Brüder" Bestimmungen zu treffen, sondern für durch das Band der Ehe ,,wiedervereinigte Brüder und Schwestern". Die Untersuchungen sind mit voller Mitwirkung jener, die auf diesem Gebiet Verantwortung übernommen haben, im Gange. Darüber kann man sich nur freuen.

Gegenwärtig wird mit den zuständigen Stellen untersucht, wie man der laufenden ökumenischen Erfahrung der Gemeinschaft ,,The Word of God" von Ann Arbor (Michigan, USA) gerecht werden soll, die durch ihre Verbreitung und ihren Einfluß ganz besondere Aufmerksamkeit verdient. Eine parallel laufende Untersuchung ist im Rahmen anderer wichtiger Konfessionen in Ausarbeitung.

Für jene Katholiken, die sich stärker einsetzen wollen, scheint die Schaffung einer ,,Katholischen Bruderschaft" der gangbarste Weg zu sein. Ihre Verbindung und die Art ihrer Beziehungen zur großen ökumenischen Gemeinschaft, betrachtet unter einem pluralistischen Gesichtspunkt, müßte genauer definiert werden.

Wenn einmal alle Erfordernisse der jedem Menschen eigenen religiösen Identität erkannt sind, werden die Weisen der ,,Gemeinschaftswerdung" nicht mehr an die Erfahrung gebunden sein. Wir vertrauen auf den Heiligen Geist und auf den guten Willen der Beteiligten.

4. Gruppen und Tätigkeiten ohne konfessionelle Bezugnahme

Unter dieser Bezeichnung sind ständige oder gelegentlich zusammentretende Vereinigungen von Christen gemeint, die einzig und allein auf dem gründen, was den Mitgliedern dieser Gemeinschaften gemeinsam ist. Oft betrachten sie die kirchlichen Abweichungen als unwichtig und bedeutungslos für den Glauben, oder sie lehnen manche Lehren der katholischen Kirche im Namen eines ,,Basischristentums" ab. Andere

Gruppen wieder schließen jede konfessionelle Bezugnahme aus praktischen Gründen einer Evangelisierungsstrategie aus, ohne jedoch einen religiös-kirchlichen Indifferentismus zu begünstigen.

Es ist klar, daß sich Katholiken nicht für ständig Gruppen anschließen sollten, die einen Indifferentismus in Fragen der Lehre vertreten.

5. Die Veröffentlichung und Verbreitung ökumenischer Erneuerungsliteratur

Auf diesem Gebiet müssen folgende Regeln eingehalten werden:

Es darf keine Schrift veröffentlicht oder verbreitet werden, die die Überzeugungen des Lesers, die sich aus seiner Kirchenzugehörigkeit ergeben, verletzen könnten.

Werden Aufsätze oder Schriften verteilt oder verkauft, sollte normalerweise die Kirchenzugehörigkeit des Verfassers angeführt sein, besonders, wenn der Standpunkt einer bestimmten christlichen Konfession vertreten wird und wenn diese Schrift ohne diese Erwähnung zu Verwirrung führen könnte.

Sofern es sich um Schriften handelt, die sich auf verschiedene christliche Kirchen oder Traditionen beziehen, ist eine sorgfältige Auswahl angebracht.

Unter diesen Büchern sind die Biographien großer Christen besonders empfehlenswert.

Schließlich haben katholische Autoren das gewohnte Vorgehen bei der Veröffentlichung religiöser Schriften einzuhalten.

Zu diesem Zweck wäre es äußerst wünschenswert, wenn eine theologische Kommission in Zusammenarbeit mit der bischöflichen Autorität die Unverfälschtheit der Lehre von Büchern auf der Basis der charismatischen Erneuerung gewährleisten könnte.

Die Regeln des Imprimaturs wurden vom Heiligen Stuhl bezüglich der Kinderkatechismen in Erinnerung gerufen. Es wäre angebracht, nach einem Weg zu suchen, wie auch die Rechtgläubigkeit solcher Bücher gewährleistet werden könnte, die – mit oder ohne diesen Titel – als Katechismen für die Erwachsenenkatechese, als Einführung zur vollen Eingliederung in das Christentum, dienen.

Das wäre ein Dienst, der auf dem Gebiet der Lehre viel Verwirrung verhindern würde, die auf ein Überangebot qualitativ oft recht ungleicher charismatischer Schriften zurückzuführen ist.

6. Ökumenische Konferenzen und Kongresse

1. Die Vortragenden, die eingeladen werden, dort das Wort zu ergreifen, sollten im Hinblick auf ihr ökumenisches Einfühlungsvermögen und auf ihre offene und achtungsvolle Haltung gegenüber den verschiedenen christlichen Traditionen ausgewählt werden.

2. Das Hauptthema solcher Versammlungen soll in gemeinsamer Übereinstimmung von den qualifizierten Vertretern aller zur Teilnahme eingeladenen christlichen Bekenntnisse bestimmt werden. Das hindert in keiner Weise, für Arbeitsgruppen und Begegnungsstätten zu sorgen, die ausdrücklich als solche zu bezeichnen sind und wo für jede Konfession eine spezifische Unterweisung erteilt wird.

3. Sofern im Programm eine Eucharistiefeier vorgesehen ist, muß den Teilnehmern aller Konfessionen die Möglichkeit belassen werden, an einer Feier teilzunehmen, die ihrer Tradition und ihrem Gewissen entspricht. Sollte es im Rahmen eines Kongresses nicht möglich sein, solche Feiern in entsprechender Form an Sonntagen einzuplanen, so muß das Programm denjenigen, die es wünschen, die Möglichkeit einräumen, an einem Sonntagsgottesdienst ihrer Wahl, eventuell im Anschluß an die örtliche Gemeinde, teilzunehmen.

4. Wenn der Kongreß eine katholische Feier vorsieht, die einer größeren Teilnehmerschaft offensteht und bei der möglicherweise Christen anderer Bekenntnisse anwesend sein können, ist es angezeigt, im gedruckten Programm eine kurze Formulierung erscheinen zu lassen, die in taktvoller Weise auf die kirchliche Ordnung der Teilnahme an der Eucharistie hinweist. Diese Vorgangsweise scheint einer mündlichen Mitteilung vorzuziehen zu sein. Doch ist sie in manchen Fällen notwendig.

Sofern die Eucharistie für eine engere Gruppe gefeiert wird, können die Erklärungen den einzelnen gegeben werden.

Wenn es sich um große Versammlungen handelt, wie der Kongreß für katholische charismatische Erneuerung in den Vereinigten Staaten, so ist es üblich, in das Programm einen erläuternden Hinweis über die Gründe der herrschenden Ordnung aufzunehmen. Hier folgt nun eine solche Erklärung als Beispiel:

„Nach der Lehre der Kirche ist der Empfang der Eucharistie zugleich auch Ausdruck der kirchlichen Gemeinschaft mit den Hirten der Kirche. Wer bei einer katholischen Eucharistiefeier die heilige Kommunion empfängt, empfängt nicht nur den Leib und das Blut Christi, sondern er bekennt auch öffentlich seine Gemeinschaft mit den Bischöfen und dem Papst.

Nach der Ordnung der katholischen Kirche kann man die beiden Aspekte nicht voneinander lösen."

5. Es ist notwendig, sowohl für die vorgesehenen Unterweisungen als auch für die prophetischen Zwischenrufe eine seelsorgliche Aufsicht vorzusehen, damit es nicht zu „ökumenischen" Zusammenstößen kommt.

7. Gemeinsame Arbeitsgruppen

Da die katholische Kirche als solche mit verschiedenen ökumenischen Institutionen beziehungsweise Organisationen in enger Verbindung steht, ist es sowohl aus Ehrerbietung als auch aus Sorge um die Entfaltung des Ökumenismus angezeigt, daß die Katholiken – sowohl einzeln als auch in der Gruppe – die schon bestehenden ökumenischen Beziehungen und die örtlichen Strukturen berücksichtigen, ehe sie ihrerseits zu diesen Institutionen Verbindung aufnehmen.
Ein Beispiel: der Weltrat der Kirchen. Er enthält eine Arbeitsgruppe, die von der katholischen Kirche zusammen mit dem Weltrat der Kirchen organisiert wird. Diese Gruppe widmet sich dem Studium der Möglichkeiten gemeinsamer Initiativen. Jede Zusammenarbeit von Katholiken mit dem Weltrat soll sich normalerweise im Rahmen der Politik bewegen, die von der betreffenden Arbeitsgruppe ausgearbeitet wurde. Das ist der Grund, weshalb eine Kontaktaufnahme mit der Leitung des Weltsrats in Genf in Übereinstimmung mit dem Einheitssekretariat in Rom durchzuführen ist, das ja gerade diese Verantwortung auf sich nimmt.

Ähnliche Strukturen für den Dialog gibt es auf nationaler und lokaler Ebene: Es ist jedenfalls gut, sie zu kennen.

8. Gemeinsam der Welt gegenübertreten

Es würde sich nicht um echte Erneuerung handeln, zielte sie nicht darauf, gleichzeitig „voll und ganz" auf das Innen wie auf das Außen gerichtet zu sein, als wäre sie als Mittel der inneren Lebenskraft nicht zugleich auf die Evangelisierung und auf den Dienst an der Welt hingespannt.

Der Abendmahlssaal ist eine Stätte, an der man lange verweilen muß, um für den Geist verfügbar zu werden, von der man dann aber gleichsam als Apostel weggeht, um die Welt zu bekehren und den Menschen zu dienen. Das Gebet muß in das Tun einmünden und dort Gestalt annehmen[3].

Ein protestantischer Theologe, Clark H. Pinnockx, Professor an der theologischen Fakultät von Hamilton, Ontario, schrieb sehr zu Recht:

,,In Anbetracht des Wiedererwachens außergewöhnlicher geistlicher Gaben, wie der Gabe der Heilung und der Prophetie, kann man leicht der Versuchung der ,Charismanie' verfallen, worunter ich jene Krankheit verstehe, die dazu führt, menschliche Talente und übliche Gaben zu überschätzen. Wir müssen ein gesundes Gleichgewicht bewahren.

Es wäre bedauerlich, wenn die neue Spiritualität darauf beschränkt bliebe, eine religiöse Erfahrung zu sein, die zu keinem nennenswerten öffentlichen Zeugnis führt (diese Gefahr gilt auch für eine rein im Evangelium verharrende Spiritualität). Drängt doch ein durchaus wertvolles religiöses Engagement so oft dazu, sich von der Welt eher abzuschließen, anstatt zu einer tieferen Verpflichtung in ihrem Dienst anzuregen.

Ich spreche die lebhafte Hoffnung aus, daß die Charismatische Erneuerung ihre Anhänger dazu anregen möge, sich auf apostolischem und sozialem Gebiet mehr zu engagieren."

Genau das habe ich in meinem Plädoyer für eine Verbindung des Spirituellen mit dem Sozialen im Christen von heute immer wieder gesagt und betont, damit auf diese Weise die Polarisation zwischen den beiden Richtungen überwunden werde.

Der Verfasser schließt mit folgenden Worten, die ich vorbehaltlos unterschreibe:

,,Wenn sich die charismatischen und die evangelikalen Christen wirklich gemeinsam verpflichten wollten, so wie wir es dem Dienst an der Strahlkraft Gottes und seiner Gerechtigkeit in der Welt, in der wir leben, schuldig sind, dann könnten sie eine radikalere und erlösendere Macht darstellen als irgendeine revolutionäre Gruppe unserer Tage. Der Dynamismus ist ja vorhanden: was sie brauchen, ist eine seelsorgliche Führung, die klug und ermutigend zugleich ist."[4]

Darin ist die wahrhaft christliche Revolution enthalten: Wenn die Erneuerungsbewegung dem Ausmaß ihrer Sendung entspricht, kann sie der Kirche wie der Welt ein neues Leben erschließen.

Diese apostolische Dimension der Erneuerung fordert zum gemeinsamen ökumenischen Zeugnis auf, besonders in Missionsgebieten.

In seinem Dekret ,,Ad gentes" über die Missionstätigkeit der Kirche hob das II. Vatikanische Konzil diese Notwendigkeit sehr stark hervor (Nr. 15):

,,Den religiösen Verhältnissen entsprechend soll man die ökumenische Bewegung so fördern, daß die Katholiken mit den von ihnen getrennten Brüdern, gemäß den Richtlinien des Dekretes über den Ökumenismus, brüderlich zusammenarbeiten im gemeinsamen Bekenntnis des Glaubens an Gott und an Jesus Christus vor den Heiden, soweit dieses vorhanden ist, ebenso im Zusammenwirken in sozialen und technischen sowie kulturellen und religiösen Dingen, wobei man jeden Anschein von Indifferentismus und Verwischung sowie ungesunder Rivalität vermeiden muß. Der Grund für diese Zusammenarbeit sei vor allem Christus, ihr gemeinsamer Herr. Sein Name möge sie zueinanderbringen! Diese Zusammenarbeit soll nicht nur zwischen Privatpersonen stattfinden, sondern nach dem Urteil des Ortsordinarius auch zwischen den Kirchen oder Kirchengemeinschaften und ihren Unternehmungen."

Den Christen erschließt sich ein weites gemeinsames Betätigungsfeld. In den kürzlich gegebenen pastoralen Weisungen des Erzbischofs von Newark, Peter L. Gerety, kann man lesen:

,,Die zahlreichen Probleme, die unsere Gemeinwesen, unsere Länder und die ganze Welt mit Sorge erfüllen, erfordern die vereinten Bemühungen aller christlichen Gläubigen und aller Menschen guten Willens; wir müssen eine derartige Zusammenarbeit auf jeder Ebene fördern.

Soll diese gemeinsame Aktion jedoch mehr sein als nur eine zeitlich begrenzte Verbindung, dann muß sie von einem immer stärker werdenden Bewußtsein unserer gemeinsamen Werte, unseres gemeinsamen Erbes und unseres gemeinsamen Glaubens ausgehen."[5]

Diesen Gedanken griff auch Kardinal Hume anläßlich seiner Ansprache vor der Synode der Anglikanischen Kirche auf, wobei er ,,die Notwendigkeit für die Christen" hervorhob, ,,in aller Deutlichkeit vom christlichen Standpunkt aus gemeinsam zu den wichtigsten Problemen Stellung zu nehmen, denen unsere Gesellschaft gegenübersteht, insbesondere zu den Menschenrechten, der Rassengerechtigkeit, dem Kampf gegen die Pornographie und zur Abrüstung"[6].

VIII. DER GEISTLICHE ÖKUMENISMUS, UNSERE GEMEINSAME HOFFNUNG

1. Der Ökumenismus als spirituelle Haltung

Die Divergenzen, die gerechterweise erwähnt werden mußten, könnten den Eindruck erwecken, der Ökumenismus sei ein solch hindernisreicher Weg, daß die Hoffnung auf die Erlangung der sichtbaren Einheit ständig weiter wegrücke.

Zur Bekämpfung jeglichen Defaitismus – und der Sünde wider den Heiligen Geist – ist es wichtig, zu wissen, daß die ökumenische Haltung des Christen selbst schon eine unmittelbare Gnade von unschätzbarem Wert ist.

Der Erfolg des Ökumenismus hängt nicht nur von der Frage ab, ob eine Vereinigung aller Christen eines Tages verwirklicht werden kann oder nicht. Der Ökumenismus ist ja Tag für Tag im Werden, wenn er uns dahin bringt, daß wir uns gegenseitig für die Gaben und Reichtümer des Geistes öffnen, die außerhalb aller konfessionellen Grenzen liegen. Sein erstes Ziel ist, in uns selbst neues Leben zu erwecken, damit uns dann „nach außen" Glaubwürdigkeit verliehen werde.

Der Ökumenismus ist eine Annäherungsbewegung der Kirchen, die jeden Christen zu einer größeren Treue zum Herrn drängen muß. Die Kirchen kommen einander in dem Maß nahe, als sie sich selbst erneuern lassen. Der Ökumenismus ist nicht sosehr eine Angelegenheit zwischenkirchlicher Verhandlungen als eine vom Evangelium beseelte innerliche Erneuerungsbewegung.

Empfangsbereitschaft und Achtung

Das ökumenische Anliegen führt auf ganz natürliche Weise zu einer Haltung der Aufrichtigkeit und der Achtung vor dem anderen.

Keiner hat die volle Sonne der Wahrheit ausschließlich oder garantiert in Besitz. Nur Jesus ist die endgültige und personhafte Offenbarung Gottes. Wir tragen unsere Schätze in zerbrechlichen Gefäßen, und unsere Sprache bleibt wegen des Reichtums der Geheimnisse Gottes stets unvollkommen. So bleibt der Königsweg zur Wiederherstellung der sichtbaren Einheit die demütige Haltung vor der Wahrheit, wie man sie wahrnimmt und vor allem, wie man sie lebt. Mit Geringschätzung des anderen und mit aggressiver Polemik ist er unvereinbar. Das Gewissen meines Nächsten muß ich achten, da es ihm allein gehört: Gott durchdringt es, und das genügt. Ich muß achten, was mein Bruder sieht, und jenen Teil der Wahrheit verstehen, den er bekennt. Unsere härtesten Kontroversen kommen im allgemeinen daher, daß es uns schwerfällt, zwei Teilwahrheiten, die sich gegenseitig nicht ausschließen, zusammenzuhalten. Jedenfalls geht der Weg des Ökumenismus von der Liebe aus, um die Hoffnung hervorzubringen und zu einem immer vollkommeneren Glauben zu führen.

2. Der Ökumenismus als geistliche Übereinstimmung

So aufgefaßt, lädt die ökumenische Öffnung die Christen schon jetzt ein, einen geistlichen Ökumenismus auszubilden, der ein unbegrenztes Betätigungsfeld eröffnet und sich nährt von der reinen, auf Gott bezogenen Hoffnung.

Der Ausdruck „geistlicher Ökumenismus" wurde bekanntlich von dem tapferen und schlichten Vorläufer der Einigung, dem Abbé Couturier, geprägt. Als er in einen Konzilstext aufgenommen wurde, ging er sozusagen durch den Haupteingang in die Kirche ein (Dekret über den Ökumenismus, Nr. 8): „Diese Bekehrung des Herzens und die Heiligkeit des Lebens ist in Verbindung mit dem privaten und öffentlichen Gebet für die Einheit der Christen als die Seele der ganzen ökumenischen Bewegung anzusehen; sie kann mit Recht geistlicher Ökumenismus genannt werden."

Es ist von Nutzen, auf diesem Gebiet den außerordentlichen Reichtum der charismatischen Erneuerung zu entdecken, nicht nur, weil sie die vielfältigsten christlichen Gemeinschaften durchquert – und folglich einigt –, sondern weil sie im tiefsten auch das Erwachen unseres gemeinsamen Glaubens an den Heiligen Geist ist, der in der Kirche wirkt.

Es muß nochmals gesagt werden: Nicht die charismatische „Bewegung" ist von Bedeutung – als solche ist sie von den verschiedensten Zufällen abhängig –, sondern es handelt sich hier um ein „Bewegen" des Geistes, und das ist der Grund, weshalb sie von uns Aufmerksamkeit und eine Aufnahme über unsere menschlichen Begrenzungen hinaus verlangt.

Im übrigen trachtet sie ja nach nichts anderem als danach, am Tag der Erreichung ihres Ziels aufgelöst zu werden, an jenem Tag also, an dem die Christen zu einem lebendigen Glauben in der charismatischen Dimension, die im Herzen der Kirche liegt, zurückgefunden haben.

So brachte es auch Pater Michael Scanlan – einer der Führer der Erneuerung in den Vereinigten Staaten – zum Ausdruck:

„Unser Ziel ist nicht Förderung einer Bewegung; wir hoffen, daß die Charismatische Erneuerung in einem erneuerten Leben der Kirche aufgehen möge. Das Ziel ist das maßgebende christliche Leben für die Kirche, in der jedes einzelne Glied dazu berufen ist, zu Jesus, seinem Herrn und Heiland, eine persönliche Beziehung zu erfahren, aus der Gegenwart des Heiligen Geistes zu leben, der sich in seinen Gaben offenbart, durch eine lebendige Eingliederung in eine lokale Gemeinde Glied des Leibes Christi zu sein und durch die Evangelisierung und den Dienst am Menschen Frucht zu bringen."

3. Ökumenismus und Gebet

Die Erneuerung betont von neuem den Vorrang des Gebets, und auch aus diesem Grund ist sie eine sich bietende Gnade zur Belebung und Vertiefung jeglichen ökumenischen Dialogs, sei es zwischen einfachen Christen oder qualifizierten Theologen.

Auf dem Gebiet der theologischen Zusammenkünfte konnten erstaunliche Fortschritte beobachtet werden. Derartige Arbeiten bleiben nach wie vor unerläßlich. Aber wir müssen wissen, daß die Menschen – die Theologen mit einbezogen – hier, mehr denn je, nicht mehr als „unnütze Knechte" sind.

Die Wiederherstellung der sichtbaren Einheit der Kirche hängt aus einem besonderen Grund von der Gnadenordnung ab.

Es ist utopisch, für den Ökumenismus zu arbeiten, wenn wir nicht an Gottes Macht glauben, der – immer noch vor unseren Augen – Wunder der persönlichen oder kollektiven Bekehrung wirkt, Wunder der geistlichen Heilung. Die Wiederherstellung der sichtbaren Einheit der Christen ist eine übermenschliche Aufgabe.

Man kann nur dann wirksam auf den Ökumenismus hinarbeiten, wenn man an die Macht des Heiligen Geistes glaubt, der Jesus am Ostermorgen aus dem Grab erweckte und der bei uns bleibt bis an das Ende der Welt.

Wir wissen, daß der Herr dort zugegen ist, wo zwei oder drei in seinem Namen beisammen sind, und er ist erst recht anwesend bei seinen Jüngern, die nach der Einheit suchen. Wir wissen auch, daß er es ist, der nicht nur unsere Debatten lenkt, sondern auch die Lösung unserer schmerzlichen Probleme kennt: Er ist gekommen, „die verstreuten Kinder Gottes zu versöhnen". Die Logik unseres Glaubens sollte uns eine wahre Gebetshaltung lehren. Oft, wenn wir mit Katholiken, ja sogar unter Priestern zusammenkommen, beschränken wir uns gleichsam wegen der Beruhigung des Gewissens darauf, irgendwelche stereotypen Gebete „herzusagen".

Hingegen bin ich beeindruckt, welche Rolle das Gebet bei bestimmten Zusammenkünften mit unseren getrennten Brüdern oder in solchen katholischen Gruppen spielt, die von der Erneuerung ergriffen wurden. Ein umfassendes, improvisiertes, zusammenklingendes Eingangsgebet; ein Gebet, das bisweilen eine Debatte unterbricht, um die Erleuchtung des Heiligen Geistes zu erflehen und aus den Sackgassen unserer Diskussionen herauszukommen; ein Gebet der Gnadenwirkung und auch der Reue . . . all das sprudelt aus der Quelle und wird laut zum Ausdruck gebracht. Es scheint, als bereite es uns große Mühe, nicht von Gott, sondern zu Gott laut zu sprechen und gemeinsam auf ihn zu hören. Könnten unsere Theologen, unsere Hirten und Laienführer ihrerseits diese „Geisttaufe" erfahren, die eine kostbare Gnade der innneren Erneuerung ist, dann fänden sie leichter eine gemeinsame Wellenlänge und eine gewaltige Bereicherung.

Zwei Zeugnisse von Theologen

Im Jahre 1971, als Mgr. Hamer noch Sekretär des römischen Einheitssekretariats war, schrieb er über die ersten Fühlungsnahmen mit den Anhängern der klassischen Pfingstbewegung:

„Die auf diesem Gebiet erschlossenen Möglichkeiten lenken unsere Aufmerksamkeit vor allem auf die Bedeutung der geistlichen Werte dieses neuen Dialogs. Im Bereich des Gebets, des inneren religiösen Lebens, der kontemplativen Meditation, werden wir den Punkt unseres Zusammentreffens finden. Dieser Bereich des geistlichen Ökumenismus wird meiner Ansicht nach, gesamtheitlich betrachtet, bei der Suche nach der Einheit der Christen eine noch größere Bedeutung erlangen."[1]

Ein anderer Theologe, einer unserer besten Ökumeniker, Pater Tillard, O. P., unterstrich seinerseits vor kurzem mit Recht die mystische Dimension der theologischen Arbeit:

„Wenn ich", so schrieb er, „die gegenwärtige Situation betrachte, so bin ich immer stärker davon überzeugt, daß unser erster ökumenischer Schritt in dem bestehen muß, was ich unsere gemeinsame geistliche Begegnung nennen möchte.

In der Tat handelt es sich darum: Begegnung im Gebet, nicht in einem Gebet formalistischer oder rasch vorübergehender Art, sondern in einem länger dauernden, gemeinsamen, ursprünglichen Gebet, in einer Atmosphäre, die jener des Abendmahlssaales gleicht."

Und P. Tillard schrieb weiter:

„Warum? Doch gerade wegen der eigentlichen Bedeutung der Wiederversöhnung, die im Innersten des christlichen Geheimnisses liegt. Die Wiedervereinigung zweier getrennter Kirchen ist kein mechanischer Vorgang. Weder geht sie ausschließlich aus der theologischen Diskussion hervor noch auf amtlich-autoritärem Weg. Sie ist vor allem eine geistliche Realität. In diesem Bereich wird der vorherrschende und zweifellos entscheidende Faktor die Bekehrung und Beschaffenheit des Herzens sein."

Bekehrung und Liebe sind die beiden Türen, die zu diesem ökumenischen Abendmahlssaal führen. Die Umkehr macht uns von uns selbst frei, die Liebe ist bereits Verständnis des anderen.

„Unsere Wiederversöhnung", schloß P. Tillard, „wird echt und unsere Einheit vollständig sein, wenn sie auf geistlichem Weg bereitet und in geistlichem Sinn aufgenommen wird. Mit anderen Worten, die Wiedervereinigung der Christen besitzt eine mystische Dimension."

Indem die Charismatische Erneuerung in uns den Sinn für die Macht des Geistes, für seine Gaben der Weisheit, der Unterscheidung und der Auslegung weckt, sorgt sie ganz natürlich für diese mystische Dimension, in der sowohl die Theologie als auch die Kirche ihre seelische Tiefe finden.

4. Geistlicher Ökumenismus und christliches Volk

In den letzten Jahren wurden wichtige Abschnitte des Wegs zur Wiederherstellung „der vollkommenen Gemeinschaft zwischen den christlichen Kirchen" zurückgelegt, wie sich der orthodoxe Erzbischof Meliton dem Papst gegenüber ausdrückte.

Die gegenseitigen Besuche der Oberhäupter der getrennten Kirchen – wie die Begegnungen in Rom, Istanbul und Jerusalem – konnten ein

Klima der Aufgeschlossenheit und der Erwartung schaffen, das Hoffnung und Ungeduld zugleich erweckt.

Die gemischten – nationalen oder internationalen – theologischen Kommissionen arbeiteten vor kurzem gemeinsame Erklärungen aus – Windsor, Canterbury, Venedig –, wodurch Streitfragen beseitigt, Doppelsinniges aufgehoben und Auswegloses gangbar gemacht wurde. All das ist ein Werk des Lichts und der Gnade.

Dennoch führt es zu nichts, wenn sich das christliche Volk seinerseits davon nicht in seinem Lebenskern betroffen fühlt.

Ein rechtliches Übereinkommen auf „Gipfelebene" zwischen einzelnen Hierarchien, das in den Seelen der Christen faktisch nicht ratifiziert würde, wäre ebenso platonisch wie der Schlußakt der Konferenz von Helsinki, der im Jahre 1975 von den Delegierten aus 35 Ländern unterzeichnet wurde, als sie urkundlich das Recht jedes einzelnen anerkannten, „allein oder gemeinsam eine Religion oder Überzeugung zu bekennen oder auszuüben".

Bekanntlich wurde im 15. Jahrhundert auf dem Konzil von Florenz zwischen Rom und den orthodoxen Kirchen eine Einigung auf Gipfelebene verkündet. Der offiziellen Versöhnung war keine Zukunft beschieden: sie wurde vom christlichen Volk nicht aufgenommen und überlebte die politischen Zufälle jener Zeit nicht.

An diesen Präzedenzfall sollte man sich erinnern.

Dasselbe gilt für die theologischen Übereinstimmungstexte, so unentbehrlich und fruchtbar sie auch sein mögen: Die Streitfragen, die sie zu bereinigen versuchen, wurzeln für die Menschen unserer Zeit in einer zu fernen und komplexen Vergangenheit. Angesichts dessen, was sie – zu Unrecht – für unfruchtbare Streitigkeiten halten, werden unsere jungen Menschen ungeduldig, und – mit Recht – erklären die jungen Kirchen Asiens oder Afrikas, diese europäische oder byzantinische Vergangenheit sei ihnen völlig fremd und berühre ihren Kontinent nicht.

Wenn die Wiederversöhnung der Christen gelingen soll, muß sie von der ganzen Kirche getragen, unterstützt und gelebt werden. Der Ökumenismus muß eine das Gottesvolk tragende Woge sein. Eine Woche gemeinsamen Gebets für die Einheit pro Jahr ist zuwenig, um die christliche Gemeinschaft zu veranschaulichen.

Es ist Sache der kirchlichen Autoritäten, die gesamten Bewegungen, die der Geist der Kirche schenkt, zu erkennen, anzunehmen, schließlich zu fördern und zu verkörpern. Diese Bewegungen müssen von ihnen beglaubigt und unterstützt werden, damit sie richtig verlaufen, sie müssen der umfassenden Gabe, der Kirche, eingegliedert und sodann dem Gottesvolk berichtigt, belebt, eingewurzelt, angleichbar und gleichsam „gesalbt" zurückgegeben werden.

Die Wiederherstellung der Einheit der Kirchen muß selbst kirchlich sein, oder sie wird nicht sein.

Das christliche Volk muß den Schmerz und die Erniedrigung unserer kirchlichen Zerrissenheit als Stachel im Fleisch fühlen, um sich dessen voll bewußt zu werden. Möge es sich von dem schmerzlichen Aufschrei des gelehrten und berühmten Kardinal Bessarion – dem Kardinal Bea der damaligen Zeit – aufgerufen fühlen, der nach dem Mißerfolg des Konzils von Florenz im 15. Jahrhundert ausrief:

„Welche Entschuldigung können wir vorbringen, um die Ablehnung unserer Wiedervereinigung zu rechtfertigen? Was haben wir Gott zu entgegnen, wenn wir unsere Bruderspaltung verantworten, da doch Christus vom Himmel herabstieg, Fleisch annahm und gekreuzigt wurde, um uns zu einen und aus uns eine einzige Herde zu machen?

Wie werden wir uns vor den künftigen, besseren Menschengeschlechtern, vor unseren Zeitgenossen, entschuldigen?"[2]

Man hat Mühe zu glauben, daß das fast fünfhundert Jahre zurückliegt!

Das Gottesvolk muß angesichts des schon allzu lange dauernden Ärgernisses der Spaltung seine Reue bekunden. Es muß seinerseits von den Empfindungen ausgehen, die Johannes XXIII. zum Ausdruck brachte, als er die nichtkatholischen Beobachter beim II. Vatikanischen Konzil in Audienz empfing:

„Wir werden keinen historischen Prozeß führen. Wir werden nicht zu erkennen suchen, wer recht und wer unrecht hatte. Die Verantwortung ist eine geteilte. Wir werden nur sagen: Vereinigen wir uns, beenden wir die Zwistigkeiten."

Und als Papst Paul VI. vor kurzem den Metropoliten Meliton von Chalkedon, den Vorsitzenden des Heiligen Synods des Patriarchats von Istanbul, empfing und plötzlich vor ihm niederkniete, um seine Füße zu küssen, hat er dieselben Gefühle der demütigen Reue und des Leides zum Ausdruck gebracht.

Möge doch auch das Volk Gottes von seiner schmerzenden Ungeduld Zeugnis geben! Der durchdringende Ausspruch Eugen Blakes, des früheren Generalsekretärs des Weltrats der Kirchen, ist bekannt:

„Vergessen wir nicht", sagte er, „daß die ökumenische Bewegung sehr viel der Ungeduld zu verdanken hat. Man kann sagen, daß kein bedeutender Schritt zur christlichen Einheit getan wurde, ohne daß irgendwo ein Aufflackern heiliger Ungeduld verzeichnet worden wäre."

5. Der Ökumenismus der Freundschaft

Die Arbeit für die Annäherung muß auf allen Ebenen fortgesetzt werden. Sie gehört zu jenen Bemühungen, die nicht die Aufmerksamkeit der Öffentlichkeit auf sich lenken, die aber umso wertvoller sind, als sie jedem Christen zugänglich sind, der mit Brüdern aus anderen Kirchen täglich in Berührung kommt. Nicht jeder ist berufen, Brücken zu bauen, doch darf man die Laufstege nicht vergessen. Alles, was der Annäherung dient, entspannt die Atmosphäre, bringt Vorurteile zu Fall, ist ökumenische Gnade. Dieser Ökumenismus durch Freundschaft wurde von Lord Halifax und Abbé Portal – mit der uns bekannten fruchtbaren Wirkung – vorgelebt; letzterer hinterließ uns in seiner letzten öffentlichen Ansprache (1925) sein geistliches Testament mit folgenden Worten:

„Es sei mir erlaubt, den Menschen von heute wie denen von morgen zu sagen, daß es ein Mittel gibt, das ihre Kräfte verhundertfachen kann . . . Ich spreche von der Freundschaft. Ein Freund, ein wirklicher Freund, ist ein Geschenk Gottes, selbst wenn man nichts weiter sieht als die Labung, in Freud und Leid verbunden zu sein. Wenn wir jedoch einer Seele begegnen, die mit unseren erhabensten Bestrebungen übereinstimmt, und die Arbeit für die Kirche, das heißt, für Jesus Christus, unseren Herrn, als ihr Lebensideal ansieht, dann vollzieht sich die Vereinigung in dem, was unser Tiefstes ist. Und wenn es sich ergeben sollte, daß diese beiden Christen getrennt sind und verschiedenen Kirchen, verschiedenen Kreisen angehören, aber mit ihrer ganzen Kraft die Schranken beseitigen wollen und sich darum in der Aktion verständigen, welche Kraft hätten sie da nicht?"[3]

Diese Aufforderung gilt für die Christen aller Stände: sie müssen ihren Brüdern die Hand reichen, besonders jenen, die dem Glauben in so vieler Hinsicht nahestehen. Ein solch tragbarer, schlichter und konkreter Ökumenismus ließe die Mauern des Vorurteils fallen und vermag die Stunde der brüderlichen Versöhnung näherzurücken.

6. Sammelpunkt des ökumenischen Gebets

Als Folge einer glücklichen Privatinitiative pflegen die Christen der verschiedenen Bekenntnisse gemeinsam die Weltgebetsoktav in der Woche vom 18. Januar, Petri Stuhlfeier, bis zum 25. Januar, Fest Pauli Bekehrung, zu feiern.[4]

Könnte diese Initiative nicht auf andere Weise erweitert werden?

Könnten die verantwortlichen Stellen der christlichen Kirchen nicht ein derartiges Projekt untersuchen und gemeinsam dessen günstigste Verwirklichungsmöglichkeiten suchen?

Ein Aufruf des Weltrats der Kirchen

Diese Zeilen waren bereits niedergeschrieben, als wir von einem wichtigen Aufruf Kenntnis erhielten, der vom Weltrat der Kirchen ausging, und dessen Wortlaut wir so wiedergeben, wie er in dem Bericht Pastor Lukas Vischers lautete:

,,Erlauben Sie mir daher, Ihnen einen zweiten Antrag der Kommission Faith and Order zu unterbreiten. Die V. Vollversammlung in Nairobi sprach viel von der Notwendigkeit einer gegenseitigen Fürsprache der Kirchen. Die Gemeinschaft innerhalb der ökumenischen Bewegung muß als eine Gemeinschaft des solidarischen Bittgebets aufgefaßt werden. Selbst wenn die Kirchen noch nicht so weit sind, die Gemeinschaft voll und ganz zu erkennen, vermögen sie sie im Gebet vorwegzunehmen. Im Gottesdienst wie im persönlichen Gebet können sie für die anderen Kirchen Fürsprache einlegen. Warum sollten wir diese Fürbitten nicht ausweiten und regelmäßiger durchführen? Warum sollten wir sie nicht das ganze Jahr hindurch vorbringen anstatt nur während einer kurzen Gebetswoche, sei es im Januar oder zu Pfingsten? Warum nicht in konkreter Form, unter Nennung der Kirchen, anstatt bloß ganz allgemein? Die Kommission Faith and Order ist gerade dabei, einen Kalender auszuarbeiten, der während des ganzen Jahres Gelegenheit bietet, jede Woche für die Kirchen einer bestimmten Region Gott zu bitten. Er wird im kommenden Jahr fertiggestellt sein, und die Kirchen, die es wünschen, können sich seiner bedienen. Da uns das römische Sekretariat zur Förderung der Einheit der Christen seine Mitarbeit versprach, wird die katholische Kirche an dieser Fürbittgemeinschaft teilnehmen.

Das Ganze mag uns einleuchtend, sogar allzu einleuchtend vorkommen. Es scheint mir aber, daß diese Fürbittgemeinschaft die Voraussetzung des ,,consentire" der Kirchen darstellt, indem sie zugleich von einem Konsensus zwischen ihnen ausgeht. Aus dieser Gemeinschaft wird *eine* Taufe, *eine* Eucharistie und die gegenseitige Anerkennung der Ämter hervorgehen. Ist übrigens die Fürbitte nicht eine wesentliche Dimension bei der Spendung der Taufe, der Eucharistie und der Weihen? Jede Taufe – wir fügen hinzu, auch jede Konfirmation –, jede Eucharistie, jede Weihe könnte von heute an Gelegenheit bieten, derer zu gedenken, die dieselbe Taufe empfangen haben, dasselbe Abendmahl feiern und im Dienste desselben Evangeliums kämpfen. Paulus beginnt fast jeden seiner Briefe mit der Versicherung an die Empfänger, daß er ihrer im Gebet gedenke, und in fast allen ermahnt er sie, sich seiner zu erinnern. So zeichnet er das Bild einer Kirche, in der alle Glieder untereinander durch Fürbitten verbunden sind und sich gegenseitig stärken, da sie ,,am Evangelium teilhaben."[5]

Ein Appell Papst Pauls VI.

In der Audienz vom 18. Januar 1978 kam Papst Paul VI. seinerseits auf die rein menschliche Unmöglichkeit zu sprechen, das Problem der Einheit zu lösen, auf ,,die Pflicht für alle Christen, die wir eine konstitutive nennen könnten, untereinander eins zu sein, so wie es Jesus wollte" und auf die Notwendigkeit unseres gemeinsamen Gebets. ,,Dieses Gebet um die Einheit", sagte er, ,,ist das Eingeständnis unserer Unfähigkeit, mit rein menschlichen Mitteln zu dem Ziel zu gelangen, das wir uns gesetzt haben: Denn ohne mich könnt ihr nichts tun.

Gedenken wir dieses Wortes des Herrn, und wir werden ihn mit noch größerem Vertrauen bitten. Was kann man durch das Gebet nicht erlangen? Hier liegt die heimliche Hoffnung auf die Wiederherstellung der Einheit aller Christen."[6]

Eine Anregung: Das Pfingsttreffen

Zur Konkretisierung dieser Appelle wurde uns von einer der bedeutendsten Persönlichkeiten der Pfingstkirchen, dem Generalsekretär der ,,Pentecostal Holiness Churches", eine Verwirklichungsmöglichkeit vorgeschlagen. Anläßlich eines Treffens in Rom, wo sich Vinson Synan zu Gesprächen zwischen Vertretern der Pfingstkirchen und dem römischen Einheitssekretariat aufhielt, unterbreitete er mir mit Wärme einen ökumenischen Gebetsplan, für den das alljährliche Pfingstfest als Anlaß und Stützpunkt dienen könnte. Er schrieb mir darüber und sprach davon später auch in der Öffentlichkeit.

Es folgen nun einige Zeilen seines Vorschlags, der, wie ich glaube, aufmerksame Beachtung verdient:

1. Überall auf der Welt möge der Pfingstsonntag zum ökumenischen Feiertag für das Volk aller Kirchen bestimmt werden. Es möge dies eine „Geburtstagsfeier" für die Kirche sein, bei der wir die Herabkunft des Heiligen Geistes in Erinnerung rufen und hervorheben.
2. Die Weltgebetsoktav im Januar hatte nicht die erwünschte Auswirkung, auch ist der Pfingstsonntag leichter im Gedächtnis zu behalten und vorauszuplanen. Er ist ja einer der drei großen Festtage der Kirche und sollte dem christlichen Volk neben Weihnachten und Ostern als wichtige Feier gelten.
3. Die Feierlichkeiten sollen am Nachmittag oder Abend abgehalten werden, damit das Volk am Vormittag seinen eigenen Gottesdiensten beiwohnen und später im Laufe des Tages an einem zentral gelegenen Ort zusammenkommen kann. Es soll keine Eucharistiefeier geben, damit Probleme im Zusammenhang mit der Interkommunion vermieden werden.
4. Die Pfingstfeiern sollten vom einfachen Volk in den Städten überall auf der Welt ausgehen. Wo ein entsprechender Impuls und die Organisation fehlen, sollten keine stattfinden. Wo sie aber möglich sind, würden die großen Pfingstsonntagfeiern bei den anderen Menschen in benachbarten Städten Interesse und Begeisterung wecken. Im Laufe der Zeit könnte die gesamte christliche Welt Jahr für Jahr durch das Zusammenströmen von Gläubigen aller Konfessionen, die „Jesus als ihren Herrn" in der Kraft des Heiligen Geistes bekennen, am Pfingstsonntag bereichert werden.
5. Diese Feiern wären eine Gelegenheit, der Kirche und der Welt gemeinsam von der Ausgießung des Heiligen Geistes „über alles Fleisch" in diesen Tagen Zeugnis zu geben. Dann würde die ansteckende Freude und Kraft des Heiligen Geistes zu den Kirchen zurückfließen und ihnen zum Segen gereichen.
6. Die gemeinsame Rückkehr von diesen Feiern wäre eine neue Ebene der Einheit zwischen den christlichen Kirchen, als Antwort

auf Jesu Gebet ,,daß alle eins seien, wie du, Vater, in mir und ich in dir". Zuerst muß die Einheit des Geistes offenbar werden, ehe an irgendeine Art von struktureller Einheit gedacht werden kann. Einmütig zur selben Zeit und an einem Ort (wie im Obergemach) beisammen zu sein, würde die Spaltungen, die den Leib Christi jahrhundertelang zersplitterten, weitgehend heilen. Dieses Zeugnis der christlichen Einheit wäre eine der vorzüglichsten Früchte einer solchen Feier.

7. Dieses gemeinsame Zeugnis überall auf der Welt würde die Sache des Evangeliums stärken. Unsere durch den Heiligen Geist bewirkte Einheit in Christus wäre ein Zeichen für die nichtchristliche Welt – ,,damit sie glaube!"

Diese Anregung will eine prophetische Geste sein und zugleich eine ökumenische Hoffnung vorwegnehmen. Vielleicht könnte die charismatische Erneuerung, die schon Christen der verschiedensten Gemeinschaften vereint, eine erste Erfahrung versuchen, die dann später, universell geworden, von allen Christen, charismatisch oder nicht, angenommen würde?

Damit kehren wir – im Heiligen Geist – zu unserem Ausgangspunkt zurück: Zum Obergemach in Jerusalem, in dem am Pfingstmorgen die sichtbare Kirche entstand.

So könnten die Christen sich wieder treffen an der Richtschnur ihrer gemeinsamen Geschichte, da ,,alle einmütig im Gebet mit den Frauen und Maria, der Mutter Jesu" verharrten (Apg 1, 14).

SCHLUSSFOLGERUNGEN

Wir stehen an einem Kreuzungspunkt und an einer Wende für den Ökumenismus: Ein neuer Hauch durchweht die Atmosphäre. Nach vierhundertjährigem Bruch – ich spreche von der Reformation – mit all seinen Folgeerscheinungen des Mißtrauens, der Rivalität, des Hasses und der Exkommunikationen, zieht sich nun die dunkle Flut von unseren befleckten Gestaden zurück.

Man kann es kaum glauben: aber man wird niemals genügend zum Ausdruck bringen können, was der Ökumenismus in der katholischen Kirche Johannes XXIII., dem Konzil und Paul VI. zu verdanken hat.

Die Versuchung unserer Stunde könnte eher darin liegen, daß wir in das gegenteilige Extrem eines allzu einfachen Ökumenismus verfallen, in eine Vogel-Strauß-Politik, die die noch verbleibenden doktrinellen Hindernisse nicht wahrhaben will.

Die Gletscher sind hinweggeschmolzen, wurde gesagt, die Alpen aber blieben! Nein, wohl wurden Tunnels gegraben und Steinblöcke gestürzt, um den Weg freizumachen, doch man konnte noch nicht zum freien Himmel durchdringen.

Darum muß das Gottesvolk seine Bereitschaft für den Heiligen Geist noch erweitern und den Glauben an seine unverminderbare Macht erneuern. Die charismatische Erneuerung kann hier als mächtiger Hebel wirken, um das christliche Volk in der ökumenischen Hoffnung emporzuheben.

Wir befinden uns an der Schwelle des dritten christlichen Jahrtausends.

> Das erste Jahrtausend war im Grunde trotz aller Krisen und Schwierigkeiten das Jahrtausend der ungeteilten Kirche.
>
> Das zweite war jenes der schmerzlichen Brüche des 11. und 16. Jahrhunderts.
>
> Das dritte Jahrtausend sieht Zeichen am Himmel – unter ihnen ist die charismatische Erneuerung ganz besonders hoffnungsreich –, daß die Wiederherstellung der sichtbaren Einheit nahe bevorsteht.

Der Ökumenismus ist das Werk des Heiligen Geistes: Wir müssen uns demütig und feurig seinem Wehen hingeben, seinem Wirken ausliefern und an die tätige Anwesenheit in uns und in jedem einzelnen unserer Brüder glauben.

So brachte es Wladimir Solowjew, der geniale Vorläufer des Ökumenismus im 19. Jahrhundert, auf bewunderungswürdige Weise zum Ausdruck:

„Um einander nahezukommen, bedarf es zweier Dinge: erstens, unsere eigene innige Vereinigung mit Christus zu sichern und zu vertiefen. Zweitens, in der Seele meines Bruders das lebendige Wirken des Heiligen Geistes, der in ihm wohnt, zu verehren."

Wir müssen es wagen, an die schöpferische Kraft des Geistes zu glauben. Man lese doch nur die erstaunliche Geschichte jener paar Frauen nach, die „sehr früh am ersten Wochentage" zum Grab Jesu gingen. Sie hatten sich auf den Weg begeben, „als eben die Sonne aufging".

In der Natur wie in ihren Herzen war die Sonne eben erst im Aufgehen begriffen. Noch war die Nacht draußen nicht völlig überwunden, Weg und Landschaft waren schwer wahrzunehmen, und vielleicht stießen sie sich noch die Füße an manchem Stein wund. Nacht war es in den Herzen, die noch bedrückt waren von den schmerzenden Erinnerungen an die Leiden des Gekreuzigten und von dem nicht endenwollenden Kreuzweg, den sie mit ihm erlitten hatten.

Ohne genau zu wissen, was sich nun begeben würde – denn die Liebe braucht weder Begründung noch wohl vorbereitete Pläne –, hatten sie Balsam mitgenommen.

Eine Frage stellten sie sich immer wieder – nach allem die erste praktische Überlegung – „Wer wird uns den Stein vom Eingang des Grabes wegwälzen?"

Sie wußten, daß dieser Grabstein sehr schwer war.

Zu schwer für ihre Hände, die nichts weiter tragen konnten als den Balsam für den Leichnam des Meisters.

Balsam, und eine unbegründbare, zarte Hoffnung.
Und plötzlich blieben sie stehen:
der Stein war weggewälzt,
die Binden abgenommen,
das Grab leer.

Gleichnis des Aufeinandertreffens von Glaube und Hoffnung, da der Geist uns vorangeht und seine Macht aufleuchten läßt.

Wir stehen, wie es scheint, an der noch undeutlichen Schwelle einer großen ökumenischen Hoffnung.

Auch wir müssen noch im Dunkel der Nacht gehen.

Manche Steine auf dem Weg könnten unsere Füße noch wundstoßen.

Noch bleiben Fragen ohne endgültige Antwort offen.

Die Pilger auf dem Weg des Ökumenismus mögen tapfer und ausdauernd bleiben.

Sie haben nicht das Recht, auf halbem Weg stehenzubleiben: Der Glaube verpflichtet, an Gott, den Herrn über das Unmögliche, zu glauben.

Das muß genügen.

Wir haben den heiligen Frauen voraus, daß wir im Licht des österlichen Sonnenaufgangs leben.

Und daß wir im Geheimen unseres Herzens und unserer Hoffnung bereits die Antwort auf die entscheidende Frage tragen:

„Wer wird uns den Stein vom Eingang des Grabes wegwälzen?“ (Mk 16, 3).

ANMERKUNGEN

Zu: Einführung für den deutschen Sprachraum, Seite 5–19

[1] Mittlerweile hat er seine wichtige Dissertationsschrift: Papst und Pfingstler. Der römisch-katholisch-pfingstliche Dialog und seine ökumenische Revelanz, veröffentlicht (Frankfurt a. M. 1968, Verlag Peter Lang) und ist nunmehr Beauftragter für charismatische Erneuerung beim Ökumenischen Rat der Kirchen in Genf. Vgl. seinen Bericht in: Claus Heitmann–Heribert Mühlen, Erfahrung und Theologie des Heiligen Geistes, München 1974, S. 19–35.

[2] Vgl. H. Mühlen, Einübung in die christliche Grunderfahrung, Matthias-Grünewald-Verlag, ^{5}1978 (Topos-Taschenbücher 40, 49), Teil I, S. 9–11; Teil II, S. 14–19; ders., Die Erneuerung des christlichen Glaubens, Charisma-Geist-Befreiung, München ^{2}1976, S. 43–47, 251–268.

[3] Auf Grund einer genauen Interpretation der Aussagen des Zweiten Vatikanischen Konzils kommt Hermann Wieh zu dem Ergebnis: „Die *Gemeinde* ist als ‚Kirche Gottes' der Ort, wo unter der Leitung des *Presbyters* und in enger Verbindung mit dem Bischof die Gemeinschaft der an Jesus Christus Glaubenden in Verkündigung, Bruderschaft und besonders in der eucharistischen Versammlung und den übrigen liturgischen Vollzügen ereignishaft und missionarisch gelebt wird." (Konzil und Gemeinde. Eine systematisch-theologische Untersuchung zum Gemeindeverständnis des Zweiten Vatikanischen Konzils in praktischer Absicht, Frankfurt a. M. 1978, S. 211; vgl. 144.)

[4] Heribert Mühlen, Einübung in die christliche Grunderfahrung, Matthias-Grünewald-Verlag, Mainz, ^{5}1978, Topos-Taschenbücher 40, 49. Der erste Band enthält die Vorträge des Seminarleiters und die entsprechenden theologischen Begründungen, während der zweite Band tägliche Gebetsanregungen für die Seminarteilnehmer über einen Zeitraum von 7 Wochen enthält.

[5] The life in the spirit Seminars, Charismatic Renewal Services, Notre Dame, Indiana 46556, P. O. Box 12, S. 7.

[6] Veröffentlicht in: National Communications Office, 237 North Michigan Street, South Bend IN 46601, Juli–August 1978.

[7] Vgl. H. Mühlen, Kirche in Bewegung – keine neue Bewegung in der Kirche, Erneuerung in Kirche und Gesellschaft, Heft 2, 1977, S. 22–25.

[8] Vgl. A. Bittlinger, Papst und Pfingstler, S. 59.

[9] Vgl. Erneuerung in Kirche und Gesellschaft, Heft 1, 1977, S. 3; H. Mühlen, Einübung in die christliche Grunderfahrung, Teil I, S. 132 ff.

[10] Vgl. H. Mühlen, Einübung in die christliche Grunderfahrung, Teil I, S. 60–72; Teil II, S. 60–68.

[11] Vgl. dazu im einzelnen: Erneuerung in Kirche und Gesellschaft, Heft 2, 1977, S. 34 f.; Heft 3, 1978, S. 27 f. sowie den ausführlichen Bericht in Heft 4, 1978, S. 16–21.

Zu: I. Die ökumenische Strömung, Seite 26–41

[1] P. J. C. Hernando, *Renouveau Charismatique et Oecuménisme,* in: *Unité Chrétienne,* Nr. 48, November 1977, S. 53.

[2] Vgl. *Herder-Korrespondenz,* Februar 1978, S. 57.

[3] Der hervorragende anglikanische Oxforder Theologe, John Macquarrie,

widmete sich in einem neueren Buch mit dem Titel: „*Christian Unity and Christian Diversity*", Westminster Press, Philadelphia, USA, 1975, dem Aufzeigen der Tatsache, daß Unterschiedlichkeit kein Synonym für Spaltung ist („diversity is not division").

[4] *La Documentation Catholique,* 15. Mai 1977, S. 457.

[5] *Herder-Korrespondenz,* 1969, S. 423 f.

[6] Erzbischof John Quinn, *Characteristics of the Pastoral Planner,* in *Origins,* 1. 1. 1976, Nr. 28, S. 439.

[7] Mgr. Philips, *L'Eglise et son mystère au deuxième Concile du Vatican,* Desclée de Brouwer, 1967, Bd. 1, Kommentar zu Nr. 8 von Lumen Gentium.

[8] J. Ratzinger, *The Future of Ecumenism,* S. 204: „Only by according full importance to the obligation of a common faith in the Church, can ecumenism achieve consistency."
In der gleichen Richtung wird man der Feststellung der protestantischen charismatischen Zeitschrift „Theological Renewal", Nr. 68, April–Mai 1977, zustimmen können: „Eine Einheit, die sich auf Kosten der Lehre auf die Erfahrung stützt, wäre weniger als die im Neuen Testament gemeinte und auf lange Sicht gefährlich."

[9] *La Documentation Catholique,* 15. Januar 1978, S. 65. Bericht von Lukas Vischer unter dem Titel: *Baptême, Eucharistie, Ministère, où en sommes-nous sur la voie du consensus?*

[10] Jean-Louis Leuba, *Institution et l'Evénement,* Delachaux et Niestlé, Neuchâtel 1950.

[11] J. Hoffmann, Revue *Unité Chrétienne,* Februar 1977, S. 63.

[12] Mit Interesse wird man den Artikel von Pater Lanne OSB, Konsultor beim Sekretariat für die Förderung der Einheit der Christen, lesen: *Le Mystère de l'Eglise et son unité,* in: *Irenikon,* 1973, Nr. 3.

Zu: II. Die charismatische Strömung, Seite 42–46

[1] David X. Stump, *Charismatic Renewal: Up to Date in Kansas City,* in: *America,* 24. September 1977.

Zu: III. Am Zusammenfluß beider: Die Gemeinschaft im Heiligen Geist, Seite 47–56

[1] Gespräch von Mecheln, 21. bis 26. Mai 1974, *Le Renouveau Charismatique. Orientations théologiques et pastorales,* Ed. Lumen Vitae, Brüssel. S. 7.

[2] München, Paderborn, Wien [3]1968, S. 199.

[3] Y. Congar, *Ministères et communion écclésiale*, Paris, Edition du Cerf, 1971, S. 248.

[4] *Hoffen im Geist,* Otto Müller, Salzburg, 1974, Kap. IV, Der Heilige Geist und die Erfahrung Gottes.

Zu: IV. Voraussetzungen eines echten Ökumenismus, Seite 57–65

[1] Avery Dulles SJ: *The Resilient Church,* Gill and McMillan 1977, S. 25.

[2] J. J. von Allmen: Le prophétisme sacramentel, S. 301.

Zu: V. Voraussetzungen einer echten charismatischen Erneuerung, Seite 66–87

[1] *Le Renouveau Charismatique. Orientations théologiques et pastorales,* Ed. Lumen Vitae, S. 29.

[2] Ansprache an die Bischöfe Hollands, *La Documentation Catholique,* Nov. 1977, S. 1005.

[3] Was die Gabe des Verständnisses und der Auslegung der göttlich inspirierten Bücher im besonderen betrifft, können wir die Betrachtung von Pastor Bosc zu den unseren machen, die sich auf jene bezieht, die Geist und Wort trennen möchten:
„Das Wort allein", schrieb er, „läuft Gefahr, in unserer Gewalt einer Art Verknöcherung zu unterliegen. Der in unsere Formeln gepreßte Christus kann zu einem abstrakten Dogma, die Bibel zu einem toten Buchstaben herabgemindert werden, und die Institution kann ihre Autonomie bis zur Einsamkeit behaupten. Aber den Geist vom Wort trennen, birgt nicht minder schwere Gefahren in sich, wenn ich auf die Dialektik verzichte; das führt zu Schwärmereien, die das allermenschlichste Denken mit Enthusiasmus umkleiden, zu Abirrungen, zu inhaltsleeren affektiven Regungen, oder zu einem reinen Aktualitätsdenken, das aus Prinzip jede Fortdauer des Wortes in der geschaffenen Wirklichkeit ablehnt. Sind die Orthodoxien, die das Wort zum Erstarren bringen, Leugnerinnen des Geistes, so sind die Pneumatismen, die sich auf den Geist berufen, um jegliche spirituelle Anarchie zu rechtfertigen, nicht viel besser. Die Geschichte der Kirche, der universellen wie der protestantischen, kann so manches Beispiel für diese aufeinanderfolgenden Einseitigkeiten anführen". (*Hoffen im Geist,* Otto Müller, Salzburg, 1974, S. 18).

[4] *Holy Writ or Holy Church,* London, Burns and Oates, 1959, S. 246.

[5] Revue *America,* November 1976, Nr. 20.

[6] Ralph Martin, *Hungry for God.*

[7] Leuchter-Verlag, Erzhausen, [5]1968.

[8] *Lumen gentium,* 12.

[9] *De Servorum Dei beatificatione et Beatorum canonisatione,* Bd. III, S. 610.

[10] *Hoffen im Geist,* Otto Müller, Salzburg, 1974, S. 99 ff.

[11] *La Documentation Catholique,* 3. Dezember 1972, Nr. 1621, S. 1053–1055. *Osservatore Romano,* 16. November 1972.

[12] Vgl. dazu beispielsweise das Buch von Mircea Eliade: *Shamanism, Archaic Technique of Ecstasy,* Princeton University Press, New Jersey, 1964.

Zu: VI. Allgemeine pastorale Richtlinien, Seite 88–93

[1] *Témoignage commun et proselytisme de mauvais aloi,* in *La Documentation Catholique,* 6. Dezember 1970, Nr. 1575, S. 1081.

[2] In den *Essays on Renewal* (Kardinal Suenens) findet sich der vollständige Wortlaut einer Konferenz, die über die Voraussetzungen eines ökumenischen Dialogs an der Universität Chicago abgehalten wurde. Vgl. insbesondere S. 109–115, die der „Methodik des Ökumenismus" gewidmet sind.

Zu: VII. Besondere pastorale Richtlinien, Seite 94–108

[1] In diesem Zusammenhang verweisen wir auf die Existenz einer „Ecumenical Society of the Blessed Virgin Mary" in England und den Vereinigten Staaten, deren Ziel es ist, zu brüderlichem Gedankenaustausch über das Thema Maria zu führen, an dem Christen der verschiedenen Traditionen im freundschaftlichen Rahmen geistlicher Begegnung teilnehmen sollen. Die im Jahre 1970 von Martin Gillett in London gegründete Gesellschaft wurde bald international.

Ihr eigentliches Charisma besteht darin, einen Stein des Anstoßes – Maria – in einen Sammelpunkt der liebenden Aufnahme und der Wiederversöhnung zu verwandeln.

2 *Maria und Weihnachten,* Generalaudienz vom 21. Dezember 1977, in *La Documentation Catholique,* 15. Januar 1978, S. 62.

3 Kardinal Suenens, *Essays on Renewal,* Ed. Servant Books, Ann Arbor, 1978. Dort findet sich ein Kapitel, das der notwendigen Einheit zwischen dem spirituellen und dem sozialen Aspekt der Erneuerung gewidmet ist; es trägt den Titel: „Charismatic Christians and Social Christians", S. 71–76.

4 *An Evangelical Theology of the Charismatic Renewal,* S. 34, in der Zeitschrift *Theological Renewal,* Hg. Fountain Trust, London, Oktober–November 1977.

5 *Newark Guidelines,* in: *Origins,* N. C. Dokumentardienst, 9. Februar 1978, S. 535.

6 Vgl. *Catholic Herald,* 3. Februar 1978.

Zu: VIII. Der geistliche Ökumenismus, unsere gemeinsame Hoffnung, Seite 109–120

1 Aus *Unité Chrétienne,* November 1977, S. 54–55.

2 Aus: *La Documentation Catholique,* 21. August 1977, S. 1725.

3 Aus: *Unité Chrétienne,* Nr. 42, Mai 1976, S. 88.

4 Schon im Jahre 1897 warf Papst Leo XIII. die Frage einer jährlichen Novene in der Zeit zwischen Christi Himmelfahrt und Pfingsten auf.
1913 gab die Kommission „Faith and Order" der protestantischen Episkopalkirche ein Merkblatt heraus, das für ein weltweites Gebet um die Einheit am Pfingstsonntag eintrat, und im Jahr 1920 beschloß die Vorbereitungskonferenz für „Faith and Order" in Genf, zu einer besonderen Gebetswoche für die Einigung der Kirchen aufzurufen, die mit dem Pfingstsonntag enden sollte.
Erst 1941 verlegte „Faith and Order" seine Daten auf die Oktav im Januar.

5 *La Documentation Catholique,* Nr. 1734, 15. Januar 1978, S. 68.

6 Vgl. *Herder-Korrespondenz,* Heft 3, 1978, S. 152.

INHALT

ERNEUERUNG IN KIRCHE UND GESELLSCHAFT
Eine wichtige neue Zeitschrift

In einem weltweiten charismatischen und ökumenischen Aufbruch kündigt sich seit der Mitte unseres Jahrhunderts eine neue, konkrete Gestalt christlichen Glaubens an: Soziale Gotteserfahrung, Enttabuisierung des persönlichen Verhältnisses zu Gott, Befreiung zur Evangelisation, missionarische Liturgie, das kirchliche Amt als Charisma für die anderen Charismen.

Die neue Zeitschrift ist das offizielle, ökumenische Organ dieses weltweiten Aufbruches für den deutschen Sprachraum. Die Welt hungert nach der Kraft lebendigen Glaubens und gelebter Hoffnung. Sie finden in dieser Zeitschrift persönliche Zeugnisse von tiefgreifenden und alltäglichen Erfahrungen mit Gott, Berichte aus katholischen und evangelischen Gemeinden über den Aufbruch von Geistesgaben, die in dieser Form im deutschen Sprachraum literarisch nicht greifbar sind.

Die bisher erschienenen fünf Hefte enthalten außerdem die theologischen und pastoralen Leitlinien (Heft 1), Stellungnahmen katholischer und evangelischer Bischöfe und Bischofskonferenzen, Berichte über internationale und nationale Zusammenkünfte, begleitende theologische Überlegungen sowie Listen über Einführungs- und Vertiefungskurse.

„Erneuerung in Kirche und Gesellschaft" wird herausgegeben von dem ökumenischen Koordinationsteam für den deutschen Sprachraum. Redaktionsausschuß: Arnold Bittlinger, Heribert Mühlen, Otto Kopp.

Die Zeitschrift erscheint zunächst zweimal jährlich (Jahresabonnement DM 11,–, einschl. Porto). Die einzelnen Hefte ergänzen sich gegenseitig. Nachbestellung der bisher erschienenen fünf Hefte ist möglich (je DM 5,50 einschl. Porto).

Anschrift der Redaktion und Auslieferung: Verlag Erneuerung, Domplatz 3, D-4790 Paderborn.

Heribert Mühlen

EINÜBUNG IN DIE CHRISTLICHE GRUNDERFAHRUNG

Zwei Bände. Topos-Taschenbücher 40, 49, Matthias-Grünewald-Verlag, Mainz, 5. Auflage 1978 (18.–21. Tausend). Bd. I, DM 8,80; Bd. II DM 7,80. Übersetzungen: englisch, spanisch, portugiesisch, französisch, niederländisch, polnisch, ungarisch, kroatisch, koreanisch.

„Mühlen sieht in der charismatischen Erneuerung ‚eine geschichtliche Gestalt der christlichen Grunderfahrung'. Immer wieder betont er, daß es sich dabei nicht um eine Bewegung, um eine Sekte oder um die Gründung einer Überkirche handeln kann. Gerade das Bemühen um die Integration in die jeweilige Großkirche und die konkreten Pfarrgemeinden macht Mühlens ‚Einübung' so sympathisch und wichtig. Man spürt deutlich, daß es ihm um die Sache selbst geht, um eine Erneuerung im Glauben durch das Wirken des Geistes in und für die Kirche. Dem persönlichen Anspruch dieses Werkes kann sich auch der lediglich auf Information bedachte Leser nur schwer entziehen."

Hessischer Rundfunk

Diese Einführung in die Gemeinde-Erneuerung (Tauf-, Firm- und Weiheerneuerung, Annahme der Geistgaben) hat schon vielfach zur Bildung von Gebetsgruppen als Zellen gelebter Hoffnung in katholischen und evangelischen Gemeinden geführt. Die gleichnamige KASSETTENSERIE (EINÜBUNG IN DIE CHRISTLICHE GRUNDERFAHRUNG) wird von vielen Pfarrern und Leitern von Gebetsgruppen zur konkreten Durchführung von Einführungsseminaren und Exerzitien benutzt. (4 Kassetten, Dauer je 2×45 Minuten, Gesamtpreis DM 38,–). Auslieferung: Verlag Erneuerung, Domplatz 3, D-4790 Paderborn.

Heribert Mühlen – Otto Kopp

IST GOTT UNTER UNS ODER NICHT?

Dialog über die charismatische Erneuerung in Kirche und Gesellschaft.

Die beiden Verfasser besprechen in lockerer Dialogform zentrale Aspekte und Probleme der „charismatischen" Gemeinde-Erneuerung (der mißverständliche Begriff „charismatisch", Verhältnis der Entwicklung im deutschen Sprachraum zu dem weltweiten Aufbruch, soziale Gotteserfahrung, Rückgewinnung des Urvertrauens, Kirche der Zukunft, Geistesgaben heute, Unterscheidung der Geister), 80 Seiten, 2. Auflage 1978, DM 4,–. Auslieferung: Verlag Erneuerung, Domplatz 3, D-4790 Paderborn.